# 트럼프 대통령의 미국 우선주의가 세계경제를 흔들고 있다.

미중의 양대 대국 속에 갇혀 있는 한국은 마치 시소게임 위에서 양쪽의 무게 중심에 따라 중심 없이 흔들거리고 있는 형국이다.

도서출판 원

# 머리말

세계는 2017년 2월 기점으로 도널드 트럼프 미국 대통령 시대를 맞이하게 됐다. 이제 트럼프 대통령은 미국과 세계를 요리할 수 있는 초강국의 권좌에 오른 만큼, 국내 정치와 경제를 보수주의 방향으로 움직이면서 미국 우선주의를 관철시킬 것이다.

도널드 트럼프 미국 대통령은 2017-2020년 동안 미국과 세계를 이끌고 간다. 트럼프 대통령은 미국 우선주의를 최고 가치로 내세워 미국과 세계를 주도해 갈 것이다. 앞으로 트럼프의 정책은 오바마 전 대통령의 진보주의 시대와는 완전히 다른 새로운 길을 가게 될 것이다. 진보적 색깔은 지워지고 보수주의의 물결이 미국 전역을 휩쓸며 세계로 확산되어 갈 것이다. 세계 질서는 그 어느 때보다  미국 우선주의의 영향을 받으며 보수주의적인 방향으로 국제적인 틀을 바꾸어 갈 것이다.

자주적 역량을 가진 유럽은 미국을 견제하면서 유럽 나름대로의 독자적인 정책노선을 걸어가며 대응할 것이고 유럽의 독립성과 번영을 꾸려

갈 것이다. 일본과 중국 및 러시아 등 군사강국들은 각자 자국경제에 유리한 방향으로 가기 위해 미국의 패권주의를 견제하며 제 갈 길을 찾아갈 것이다. 그러나 신흥국과 개발도상국은 정치 경제적 역량의 취약성 때문에 각국은 제한된 능력 안에서 미국의 정치, 경제, 국방 외교의 흐름을 지켜보며 대응할 것이다.

본서에서는 트럼프 정부가 앞으로 어떤 정책을 가지고 어느 방향으로 끌고 가면서 세계와 한국에 어떤 영향을 미칠 것인지를 예측하며 살펴 볼 것이다. 한반도에 미치는 트럼프 정부 정책의 영향을 주목해 볼 것이다.

2017년

일산, 초여름

## 차례

01

# 미국은 어떤 나라인가?

미국은 자본주의 시장경제질서의 모범국가이자 초강국으로서 세계 제2차 대전 이래 "자유"를 최고 가치로 여기는 나라이다. 미국은 사람(노동력), 자본(금융자본, 실물자본 등), 상품, 서비스(법률, 교육 등) 등이 국내적으로나 국제적으로 자유롭게 이동하고 거래되는 것을 기본원칙으로 삼고 있는 나라이다.

미국에는 공기업이 극히 제한적으로 존재하고 있으며 거의 대부분이 민간기업들이 자본(금융자본, 실물자본 등), 상품, 서비스(법률, 교육 등)를 생산하고 공급한다. 이들 민간기업들은 세계 최고의 경쟁력을 자랑하는 부지기수의 대표기업들이 많다. 미국에서는 수요자나 공급자들의 독과점이 발생하지 못하도록 공공기관에 의해 근원적으로 차단되고 있다. 공정한 경쟁질서는 제도와 법에 의해 엄격히 관리감독 받고 있다.

미국에서는 자유로운 경제 질서를 교란하고 방해하는 정경유착, 학연, 지연 등이 일어날 수 없으며 발생하는 경우에는 가차 없이 법의 심판을 받아 바로 세우고 있다. 미국은 자유로운 개인의 활동을 최대한 보장하고 창의적인 개발의욕과 기술혁신에 필요한 환경을 조성하며 보장하고 있다.

미국은 자유로운 활동과 제한 없는 자유로운 이동이 국제사회에서도 실현되는 것을 추구한다. 자유로운 활동과 자유로운 이동을 가로막는 국내 규제이건 국제규제이건 상관없이 규제를 기본적으로 싫어한다. 미국은 국제무대에서도 자유무역과 자유로운 자본거래를 정책적으로 추구해 왔다.

**그러나 2차 대전 이후 지금까지 신흥국과 개발도상국, 유럽과 중국, 일본 등에서는 알게 모르게 또는 직접적으로나 간접적인 방식으로 자유무역과 자유로운 자본거래를 교란하거나 방해해 많은 나라들이 자국의 이익을 챙기고 있다고 미국과 미국인은 생각하고 있다.**

이와 같은 생각을 최근 들어서 미국과 미국인이 갖게 된 것은 미국경제가 일본, 중국, 독일, 유럽 등의 경제에 밀리면서 많은 손해(무역적자, 일자리 상실, 재정적자 등)를 감수하며 미국 홀로 세계경찰 국가 임무를 수행함에 있어 미국이 부담만 떠안고 미국인이 손실만을 보고 있다는 불만스런 배경이 자리 잡고 있다.

**미국의 트럼프 대통령이 왜 미국 우선주의를 대선 구호로 내 걸었는가는 그의 선대가 유럽에서 넘어온 백인 이민 가계 출신이지만 미국의 주류 백인 사회의 기업가 출신으로서 미국경제 역사와 흐름을 읽고 배운 트럼프 자신이 뿌리박고 있는 미국 백인들의 사고와 불만 속에서 싹튼 것으로 보인다.**

## 02

# 도널드 트럼프는 누구인가?

도널드 존 트럼프(Donald John Trump, 도날드 트럼프, 1946년생, 현재 70세)는 기업인, 최고의 갑부에서 2017년 2월 제45대 미국 대통령이 됐다.

트럼프는 부동산 개발업을 주목적으로 하는 트럼프 그룹의 회장 겸 사장을 맡았으며, 트럼프 엔터테인먼트 리조트를 설립해 전 세계에 호텔과 고급 콘도미니엄 사업을 진행했다.

그는 2015년 7월 미국 공화당 대선후보 경선에 출마한 후, 2016년 7월 공화당 전당대회에서 공화당 대선 주자가 되었으며, 2016년 11월 8일 치러진 대통령 선거에서 민주당의 힐러리 클린턴 후보를 꺾고 대통령에 당선되었다.

트럼프는 많은 사람에게 극우 보수파로 알려져 있다. 그가 소속했던 정당의 적을 보면 이채롭다. 그의 정당 이력을 보면 최근 9년 동안 민주당에 몸담았으며 LGBT에 대한 권리 보장을 지지하고 있다.

그러기에 **그의 성향은 진보 또는 보수로 나누기 애매하다고 평가하기도 한다. 그간 민주 당원이었던 트럼프가 공화당을 접수하고 이념도 정통 보수와는 괴리가 있자, 기존 공화당 정치인들은 이에 반발했다.**

이렇게 그는 민주당, 공화당, 언론 모두에게 지지를 받지 못한 아웃사이더로 대통령 선거 전에 나섰던 인물이다. 2016년 타임은 그를 양당을 모두 공격하며 규칙을 부쉈고, 미래의 정치 문화를 제시했다고 평가한다.

성공한 사업가에서 방송사 인기 리얼리티쇼 진행자를 거쳐 백악관 주인이 된 도널드 트럼프는 **미국 우선주의를 기치로 내건 아웃사이더 돌풍의 주역**이라고 말한다.

### ⇨ 출생, 학업, 사생활

**도널드 트럼프**는 1946년 6월 14일 뉴욕시 퀸스에서 태어났다. 그는 **아버지 프레드 트럼프와 어머니 메리 애니** 사이의 5남매 중 넷째로 태어났다.

매리엔 트럼프 배리(78) 미 연방 제3항소법원 판사가 큰누나이다. 작은누나 엘리자베스 트럼프 그라우와 남동생 로버트 트럼프가 있다. 그의 형이었던 프레드 주니어는 1981년 43세의 나이에 알코올 중독으로 숨을 거뒀다.

**트럼프 집안은 독일 서남부 카를슈타트(Karlstadt) 출신인 할아버지**

**프리드리히 트럼프가** 16**세 때인** 1885**년 미국에 이민 오면서 트럼프 일가를 이뤘다.**

1892년 미국 시민이 된 할아버지 프리드리히 트럼프는 미국식 이름인 트럼프로 이름을 바꾸고 **숙박과 식당 사업**을 해 큰돈을 모았다.

도널드 트럼프가 자란 **뉴욕 퀸스**(Queens, New York City)**는 백인 이외에는 거의 살지 않는 동네**였다. 트럼프는 나중에 이곳에서 자란 것을 오아시스라고 회상한다. 이 때문에 뉴욕타임스는 **트럼프의 배타적 이민 정책의 뿌리**가 이곳에서 시작됐다고 분석하기도 한다.

트럼프는 어린 시절 방이 23개, 화장실이 9개나 되는 대저택에서 보냈다. 트럼프는 어릴 적부터 자존심이 강해 남에게 지는 것을 싫어했다. 엄격한 가정교육에도 트럼프는 사고뭉치였다. 초등학교 시절 선생님을 때려 눈 주위를 멍들게 할 정도였다.

초등학교와 중학교는 퀸스에서 마쳤지만 크고 작은 사고를 일으켰다. 아버지의 영향력 덕분에 퇴학 대신 가벼운 근신 처벌만을 받았다. 13살 때 트럼프가 학교에서 교사를 폭행하자, 그의 부모는 트럼프를 규율이 엄격한 뉴욕군사학교(New York Military Academy)로 보냈다.

군사학교 시절 야구에 뛰어난 기량을 보인 그는 지역신문에 '트럼프가 뉴욕군사학교의 승리를 이끌다'라는 제목의 기사 주인공으로 등장하기도 하는 등 이 학교에 잘 적응해 학생간부가 되는 등 뛰어난 리더십을 발휘했다. 일부에서는 당시 가혹한 신고식과 폭력이 난무하는 군사학교 문화에 잘 적응했다는 것은 **수단과 방법을 가리지 않는 경쟁과 승리 욕망을 내면화했다**는 것을 의미한다고 해석한다.

트럼프는 뉴욕군사학교를 졸업한 뒤, 뉴욕의 포덤 대학교를 2년 재학 후, 펜실베이니아 대학교 와튼 스쿨로 편입, 경제학 학사 학위를 받았다. 베트남 전쟁 당시에는 1964년부터 5차례 학업과 질병으로 징병을 유예 받았고 최종적으로 징집되지 않았다.

1964년 뉴욕군사학교를 졸업한 트럼프는 배우나 프로듀서가 되고 싶어 캘리포니아 주립대학(UCLA) 영화학과에 진학하려 했으나 아버지의 뒤를 따라 부동산사업에 뛰어들었다.

트럼프는 뉴욕군사학교를 졸업한 뒤 뉴욕 브롱크스에 있는 가톨릭계 대학 포덤대학 경영학과에 입학했다. 그는 아버지의 후광을 이용해 미국 아이비리그에 속한 명문대학 펜실베이니아대학 와튼스쿨에 편입했다. 그는 펜실베이니아대 와튼스쿨에서 경제학을 전공했다.

대학 재학 시절 베트남 전 강제 징집이 진행됐지만 트럼프는 학업을 이유로 4차례 징집을 연기했다. 그리고 최종적으로 발꿈치 뼈 돌출을 이유로 징집은 면제받았다.

그는 와튼스쿨에 편입하자마자 수강한 부동산개발 과목 첫 시간에 교수의 "왜 이 과목을 수강하는가?"라는 질문에 "저는 뉴욕 부동산업계의 왕이 되고 싶습니다"라고 답했다.

### ⇨ 도널드 트럼프의 결혼과 자녀

세 번의 결혼에서 다섯 자녀를 두었다. 도널드 트럼프는 **첫 부인으로 체코인 이바나 트럼프(체코 출신 모델인** Ivana Marie Zelníčková)와 1977년 결혼해 도널드 트럼프 주니어(일명 Don 1977), 이반카 트럼프(Ivanka 1981), 에릭 트럼프(Eric 1984)를 얻었다.

첫 번째 부인 체코인 이바나 트럼프와 1990년에 이혼하고 **말라 메이플스**(Marla Maples)와 결혼해 딸 티파니 트럼프(Tiffany 1993)를 얻었다.

그 뒤 말라 메이플스와 이혼하고 2005년 **슬로베니아인 모델 멜라니아 트럼프**와 결혼해 아들 하나를 두었다. 10살짜리 막내는 트럼프와 무려 60살 차이다. 트럼프의 당선으로 **멜라니아는 미국의 두 번째 이민자 출신이자 첫 공산권 국가 출신 퍼스트 레이디가 됐다.**

참고

## 도널드 트럼프 (Donald John Trump)

| | |
|---|---|
| 출생일 | 나이 70세, 1946년 6월 14일(1946-06-14) |
| 출생지 | 뉴욕 주 뉴욕 퀸스 |
| 정당 | 공화당 |
| 배우자 | 이바나 트럼프 (1977-1991, 이혼)<br>말라 메이플스 (1993-1999, 이혼)<br>멜라니아 트럼프 (2005-); 슬로베니아 출신 모델 |
| 자녀 | 도널드 트럼프 주니어 (첫째 아들); 첫째 부인 소생<br>이방카 트럼프 (첫째 딸); 첫째 부인 소생<br>에릭 트럼프 (둘째 아들)<br>티파니 트럼프 (둘째 딸); 둘째 부인 소생<br>배런 트럼프 (셋째 아들); 셋째 부인 소생 |
| 학력 | 포덤 대학교<br>펜실베이니아 대학교 워턴 스쿨 경제학 학사(1968) |
| 종교 | 장로교 |
| 경력 | 트럼프 그룹 회장 겸 사장(1971~2016)<br>제45대 미국의 대통령(2017~) |
| 재산 | 본인 주장; 87억 달러(약 9조9천억 원) |

트럼프는 5명의 자녀 중 **출중한 미모와 뛰어난 능력, 언변을 자랑하는 이방카**를 총애하는 것으로 알려졌다. **이방카와 2009년 결혼해 트럼프의 사위가 된 재러드 쿠슈너**(35)는 현재 트럼프 정부의 실세가 됐다.

**재러드 쿠슈너**는 최근 자신이 좋아하는 책으로 각각 1987년과 1990년 출간된 본인의 자서전 '협상의 기술'(The Art of the Deal)과 '정상에서 살아남기'(Surviving at the Top)를 꼽았다. 그는 1941년 영화 '시민 케인'과 1950년 영화 '선셋 대로'를 가장 좋아하는 영화로 꼽았다.

참고 트럼프 그룹(The Trump Organization)

사장; 도널드 트럼프
부사장; 장녀 이반카

트럼프 타워; 58층짜리 초고층빌딩(1981년 완공)
애틀랜틱 시티의 트럼프 플라자
플로리다 팜비치의 리조트
트럼프 인터내셔널 호텔
인도 뭄바이, 이스탄불, 필리핀 등 트럼프 타워
호텔, 리조트, 골프장 등 운영

전체 자산; 100억 달러

## ➾ 도널드 트럼프의 건강

도널드 트럼프 미국 대통령의 건강 상태는 아주 훌륭한(excellent) 것으로 밝혀졌다. 그가 평소 복용하고 있는 약은 네 종류라고 공개됐다[미일간 뉴욕타임스 NYT / 뉴욕=연합뉴스, 김화영 특파원, 2017.2.3.].

그가 먹는 네 가지 약은 탈모와 전립선비대 치료제로 널리 처방되는 프로페시아(피나스테라이드)와 피부염 치료를 위한 항생제, 콜레스테롤 저하제와 아스피린이다[36년간 트럼프 대통령 개인 주치의 헤롤르 본스타인 박사].

그는 이와 함께 흔한 피부질환의 일종인 주사(딸기코)를 치료하기 위한 항생제를 복용하고 있다. 아울러 콜레스테롤과 혈관 지방질의 수치를 낮추기 위한 스타틴과 심장마비 위험을 낮추기 위한 적은 용량의 아스피린도 매일 먹고 있다.

**그는 70세 때까지 술·담배를 하지 않으며, 키 192㎝(6.3피트) 몸무게 107㎏(235파운드)으로 '과체중' 범주에 속했다**; 혈압(116/70) 콜레스테롤(169) DHL 콜레스테롤(63) LDL·콜레스테롤(94) 혈당(99), 칼슘(98) 등 항목별 수치를 나타냈다.

트럼프는 매년 봄 간과 갑상선 검사를 받았으며 정상 범주였고, 2013년 7월 대장내시경 검사에서도 용종이 발견되지 않아 정상이었다. 조기 심장질환이나 암 관련 가족력도 없다. 트럼프의 건강 상태를 요약하면 아주 훌륭하다는 것이다.

### ➾ 트럼프의 성격 - 진솔함 - 근면성 - 충동적인 성격

트럼프는 무엇보다 막말 속에 그의 **진솔함**이 드러나 있다는 평가를 받고 있다. 그는 가식을 걷어내고 잘나가는 집안의 수재, 엘리트로선 할 수 없는 말들을 거침없이 내뱉었고, 그것이 미국 서민들의 마음을 움직인 것으로 보인다.

트럼프는 "불법 멕시코 이민자들을 막기 위해 담을 쌓겠다" "중국에 도난당한 일자리를 되찾아오기 위해 45%의 관세를 부과하겠다" "한국 · 일본이 핵무장하는 것은 미국에 그리 나쁜 것은 아니다" "한국은 주한미군 주둔 비용 100%를 지불해야 한다. 한국이 이에 응하지 않으면 우리는 한국에서 나올 준비를 해야 한다" "북한이 한국이나 일본과 전쟁을 하겠다면 그들이 하는 것. 행운을 빌겠다"고 했다.

이러한 트럼프의 막말에 미국 국민들은 다소 거칠지만 **진실하다**는 평가를 내리고 있다. 그러면서도 미국인들이 하고 싶은 말을 '**속 시원하게 대변하고 있다**'는 평가도 나온다.

트럼프는 정책공약보다는 **통상 · 대외전쟁 · 외국인 노동자들에 반대하는 '선언'**을 통해 지지자들을 끌어 모았다. 좌파 · 우파 모두로부터 조롱을 받고, 정치 엘리트들로부터 외면을 당하면서 그는 **자신의 추방자 신세를 백인계층의 분노와 일치시켰다**고 평가했다[뉴욕타임스].

트럼프를 대통령으로 만든 또 하나의 요인은 자신의 **충동적인 성격을 리더십으로 변모시킨 긍정적인 에너지에서 찾을 수 있다**.

**트럼프의 가식 없는 솔직한 성격은 백인만 거주했던 뉴욕 퀸스의 대저택에서 유복한 어린 시절과 이른바 '금수저'환경에서 나온 것이 아닌가 본다**. 트럼프의 충동적인 성격은 어렸을 때부터 유명했다. 초등학교 시절 음악 수업이 마음에 들지 않는다며 선생님을 때려 눈 주위를 멍들게 한 사건이 있었다.

당시 아버지가 힘을 써서 퇴학 대신 가벼운 근신 처벌만을 받았으나, 아버지는 그의 충동적인 성격을 걱정해 1959년 뉴욕군사학교에 보냈다. 급우를 2층 창문 밖으로 내던지려다가 실패한 적도 있지만, 야구부 주장을 맡을 정도로 뛰어난 리더십을 보였다고 한다.

트럼프는 결국 1964년 뉴욕군사학교를 우수한 성적으로 졸업한 후 뉴욕 소재 가톨릭학교인 포담대에 진학했다. 2년 후 펜실베이니아 주립대 경영대학인 와튼스쿨로 편입, 경제학 학사로 졸업했다. 그의 **충동적인 성격이 군사교육을 받으며 리더십과 책임감이 강한 성격으로 변모한 것이다**.

트럼프는 또한 시대변화를 빨리 읽어 내는 사업가적 기질이 탁월했다. 그는 대학을 졸업한 후 **아버지 프레데릭 트럼프**가 경영하던 **엘리자베스 트럼프앤드선**(Elizabeth Trump & Son)에 들어갔다.

트럼프는 1971년 회사 경영권을 장악한 후 회사명을 **트럼프 그룹**(Trump Organization)으로 개명하고 사무실을 뉴욕 중심가인 맨해튼으로 옮겼다. 그는 맨해튼에서 각계 주요 인사들과 친분을 쌓으며 자신의 존재감을 드러냈고, 젊은 건축가들을 끌어 모아 뉴욕 시내에 랜드 마크 건물들을 세운다는 포부를 하나하나 현실로 만들었다.

**특히 그가 1982년 세운 트럼프 타워는 세간의 주목을 받으며 그를 '부동산의 제왕'의 지위에 올려놨다. 총사업비 2억 달러, 58층 규모의 트럼프 타워는 핑크 대리석, 금장식, 10m 높이의 폭포, 최고급 브랜드 매장,**

**유명 인사들의 주거 공간까지 당시로선 최고의 '호화로움'을 자랑했다.**

**트럼프는 미국 주요 도시에 트럼프 플레이스, 트럼프 월드타워, 트럼프 인터내셔널 호텔 등과 인도 뭄바이, 이스탄불, 필리핀 등에 트럼프 타워를 세우며 '트럼프 왕국'을 건립했다.** 현재 포브스 추산 37억 달러(약 4조2000억 원)의 재산을 가진 것으로 알려졌지만, 미국 뉴저지주 애틀랜틱시티에 카지노를 세웠다가 도산하는 등 4차례 도산하는 좌절도 겪었다.

사업가로 성공한 트럼프는 미디어 산업에도 진출했다. 이번엔 투자자가 아닌 출연자로 도전했다. 그는 지난 2004년부터 지난해까지 **NBC의 리얼리티쇼 '어프렌티스**(Apprentice)'를 진행하며, 특유의 직설화법으로 시청자들의 인기를 한 몸에 받았다.

이 쇼는 참가자가 견습생으로 트럼프그룹에 입사해 1년 계약직 경영진 특채 한 자리를 놓고 경쟁하는 프로그램으로, 트럼프는 유행어 '넌 해고야!'를 만들어 냈다.

트럼프는 도전적이고 대결적인 행동양식을 보인다. 타임스는 트럼프의 도전적 행동양식의 사례로 사람과 장소, 사물에 대해 비난하고 평가절하했던 건수를 281개건이나 들고 있다.

### ⇨ 경영 방식과 근로정신, 열정

**트럼프를 대통령으로 만든 가장 기본적이면서 빼놓을 수 없는 요인은 근면성이다.** 그는 하루에 3~4시간밖에 자지 않을 정도로 일중독이었으며 특히 새벽에 일어나 신문 읽기로 하루를 시작하는 것으로 알려졌다. **트럼프는 지금까지도 휴가를 거의 즐기지 않은 것으로 알려졌다.**

그는 저서 '백만장자처럼 생각하기'에서 독자들에게 "휴가를 즐기지 말라. **자신의 일을 즐길 수 없다면 직업을 잘못 택한 것"이라고 조언했다**. 또 버락 오바마 대통령의 여름·겨울 휴가에 대해 "그는 내가 본 어떤 인간보다 더 많은 휴가를 즐긴다"고 비판했다.

트럼프는 2016년 6월 '미국을 다시 위대하게'(Make America Great Again)라는 표어를 내걸고 출마를 선언했다. 많은 사람들이 그의 막말을 접하며 그를 비웃고 조롱했지만, **'금 수저' 트럼프는 많은 '흙 수저' 미국인들의 지지를 받으며 지난 8일 대선에서 미국의 제45대 대통령으로 당선됐다**[윤태형 뉴스1 국제전문기자, 국방일보, 2016.12.11.].

### ⇨ 사업

도널드 트럼프는 연방주택관리국의 저당권 상실 명단에서 정부 융자를 받았다가 저당권을 잃은 건물의 목록을 살피는 게 취미였다. 사업적 수완을 드러내자 아버지는 트럼프를 후계자로 지명했다. 트럼프는 대학 시절 아버지의 부동산 개발업에 동참하면서부터 오하이오 신시내티의 아파트 단지를 재개발한 것을 시작으로 초고층 빌딩과 호텔, 센트럴파크 스케이트장 등 각종 개발에 나선다. 1968년 대학을 졸업한 뒤 트럼프는 **임대료를 수금**하러 다니는 일부터 시작했다. 아버지로부터 1971년 **'엘리자베스 트럼프 & 선'**의 경영권을 물려받은 뒤 사명을 1971년 지금의 **트럼프 그룹**(The Trump Organization)으로 바꿨다.

트럼프는 1981년 뉴욕 맨해튼 5번가에 58**층짜리 초고층빌딩 트럼프 타워**를 완공한 것을 비롯해 **애틀랜틱시티의 트럼프 플라자, 플로리다 팜비치의 리조트** 등으로 사업을 확장했다. **현재 자신의 이름을 브랜드로 내세운 호텔과 리조트, 골프장 등을 운영하고 있다. 그의 장녀 이반카는 대를 이어 트럼프 그룹의 부사장을 맡고 있다.**

### ⇨ 근무 스타일

하루에 3~4시간밖에 자지 않을 정도로 일중독인 트럼프는 특히 새벽에 일어나 가장 먼저 하는 일이 신문 읽기다. 트럼프는 다른 많은 사업가가 그러는 것처럼 경제면만 읽는 게 아니라 시간이 되는 한 다양한 분야의 기사를 읽으려고 노력한다. **새로운 정보를 얻는 것은 그가 살아 있다는 느낌을 갖게 만든다.**

### ⇨ 트럼프 모델 매니지먼트

도널드 트럼프는 1999년 뉴욕 맨해튼 소호에 트럼프 모델 매니지먼트(Trump Model Management)라는 패션모델 회사를 설립하였다. 트럼프 모델 매니지먼트는 다른 트럼프 계열사인 트럼프 매니지먼트 그룹

(Trump Management Group LLC)과 함께 2000년부터 250여명의 외국 패션모델들을 데려와 미국의 패션 산업에 진출시켰다

⇨ WWE에서의 활동

도널드 트럼프는 **빈스 맥맨**과 손을 잡아 1988년 레슬매니아 IV와 1989년 레슬매니아 V를 공식 후원하여 트럼프 플라자에서 개최하였다. 1991년 레슬매니아 VII에도 나왔으며, 2004년 레슬매니아 XX에서는 제시 벤츄라에 의해 인터뷰를 한 적이 있었다. 2007년에서는 회장 빈스 맥맨이 그를 언급하면서 WWE와 관계가 깊어졌는데, 그 발단으로 레슬매니아 23에서 **빈스 맥맨과 도널드 트럼프**의 대결이 성립되었다.

당시 이 경기에서는 지는 쪽이 삭발을 당해야 하는 '헤어 vs. 헤어' 매치 방식으로 치루는 데 동시에 빈스 맥맨의 고용선수인 당시 **인터콘티넨탈 챔피언 우마가**와 도널드 트럼프의 고용 선수인 당시 ECW **월드 챔피언 바비 레쉴리**가 경기를 펼치는 대결이었다.

그리고 특별 심판으로써 스티브 오스틴을 영입하였다. 레슬매니아 23에서 빈스 맥맨 쪽이 우세했지만 도널드 트럼프 쪽이 이겼다. 결국 **빈스 맥맨**은 **도널드 트럼프**, **바비 레쉴리**, **스티브 오스틴**에 의해 삭발 당하게 되었다. 그 보답으로 도널드 트럼프는 스티브 오스틴의 스터너로 얻어맞았다. 2009년 6월 15일에서 WWE RAW를 구입하고 RAW의 오너가 되었으나 다음주 6월 22일에 다시 RAW를 반으로 팔아주고 빈스 맥맨에게 해고되었다. 2013년 2월 그는 WWE 명예의 전당에 헌액 받았다.

### ⇒ 도널드 트럼프의 재산

트럼프는 전 세계에 고급 골프장과 리조트, 호텔을 거느린 트럼프그룹의 소유자로, 트럼프는 자신의 재산이 100억 **달러**가 넘는다고 주장했다. 그러나 미국의 경제전문 매체인 포브스는 **그의 재산을 37억 달러(한화로 약 4조 2천억 원)** 정도로 평가한다. 트럼프는 **뉴욕 유엔본부 맞은편에 위치한 트럼프 월드 타워를 비롯해 28개 건물을 소유하거나 지분을 갖고 있는 것으로 알려져 있다.**

### ⇒ 자산신탁

트럼프는 자신의 사업과 대통령 직 수행 간의 이해충돌 소지를 없애기 위해 사업을 두 아들에게 맡겼다[워싱턴 · 뉴욕 =연합뉴스 신지홍 심인성 박성제 특파원, 2017.1.12]. 두 아들, **도널드와 에릭**이 회사를 운영한다. 트럼프는 기업에 대한 통제권을 완벽하고 완전하게 아들에게 넘기는 서류에 서명함으로서 트럼프그룹 경영승계를 공식화했다.

도널드 트럼프 미국 대통령은 공적 업무와 자신의 비즈니스와 이해충돌이 발생하는 것을 피하기 위해 **트럼프그룹 운영을 두 아들에게 맡기고, 재산은 신탁 방식으로 관리하기로 했지만 이해 충돌을 완전히 차단하기에는 미흡하다고 비판한다**[워싱턴=연합뉴스 강영두 특파원, 2017.1.12].

또한 트럼프는 재임 기간에 해외사업을 새롭게 진행하지 않겠다는 점도 분명히 했다. 그러나 이 같은 조치는 외부의 기대에는 한참 못 미친다고 비판한다. 트럼프 대통령이 보유지분을 청산하거나, 자기 소유 자산이 어떻게 운영·관리되는지 대통령이 알 수 없는 백지신탁을 해야 한다는 것이다.

03

# 도널드 트럼프 행정부

도널드 트럼프 대통령은 기성 정치질서를 흔들어놓겠다는 자신의 의지대로 새 정부의 인물들을 파격적인 인사로 채우고 있다. 트럼프는 국무·국방·재무장관, 에너지·내무·농무·보훈장관, 비서실장과 국가안보회의(NSC) 보좌관과 수석전략가, 국가경제위원장 등 백악관 핵심 요직 등에서 워싱턴 아웃사이더, 군인·억만장자들을 내정했다. 아웃사이더 돌풍을 일으켜 백악관에 입성한 **트럼프는 정권을 이끌 핵심 인물들을 기성 주도세력인 워싱턴 정가와 동떨어진 인물 위주로 발탁해 정치 혁신을 예고했다.**

**특히 국정의 두 축인 안보 및 경제라인에 군인과 월스트리트 출신 등 공직 경험이 없는 현장 전문가가 전진 배치됐다.**

안보 총사령탑인 백악관 국가안보보좌관을 비롯해 국방장관, 국토안보장관 등 국내·외 안보라인을 강경 퇴역 장성들이 사실상 장악했다.

백악관 국가경제위원장과 재무·상무장과 경제라인도 공직 경험이 없는 월스트리트 인사들로 채워졌다. 반(反) 오바마 인사들의 약진이 눈에 띄었으며 2명의 여성이 조각 명단에 포함됐다.

**트럼프는 보통 미국인의 대변자를 자처했지만, 총 재산규모가 14조원이 넘는 가질리어네어(gazillionaire · 초갑부) 내각이 꾸려진 점도 매우 역설적인 대목이다.**

장관 지명자 11명 가운데 9명이 백인이며 1명은 흑인, 1명은 대만계다. 트럼프의 조각 인선은 기성 정치권의 오물을 빼기는커녕 자신의 시궁창을 새로 만들고 있다고 비판한다.

참고

**백악관 참모**

- 라인스 프리버스 비서실장.
- 캐슬린 T. 맥파랜드 국가안보회의(NSC) 부보좌관
- 마이크 폼페오 중앙정보국(CIA) 국장.
- 테리 브랜스테드 중국 주재 미국대사.
- 백악관 비서실장 라인스 프리버스 전 공화당 전국위원회 위원장
- 수석전략가 겸 수석고문 스티브 배넌 전 브레이트바트 대표
- 국가경제위원회(NEC) 위원장 투자은행 골드만삭스 사장 겸 최고운영자(COO) 게리 콘
- 국제협상 특별대표, 제이슨 그린블랫

참고

## 각료 명단

- ○국무장관 렉스 틸러슨 엑손모빌 최고경영자(CEO)
- ○법무장관 제프 세션스(앨라배마) 상원의원
- ○국방장관 제임스 매티스 전 중부사령관
- ○내무장관 여성인 케이시 맥모리스 하원의원 유력
- ○국토안보장관 존 켈리 전 남부사령관
- ○국가안보보좌관 마이클 플린 전 국방정보국(DIA) 국장 사퇴
- ○국가안보실 부보좌관에 캐슬린 T.맥파런드 안보관련 애널리스트
- ○중앙정보국(CIA) 국장에 마이크 폼페오 하원의원
- ○중국 주재 미국대사에 테리 브랜스테드 아이오와 주지사
- ○유엔 주재 미국대사에 니키 헤일리 사우스캐롤라이나 주지사
- ○재무장관 스티븐 므누신 '듄 캐피널 매니지먼트' 전 대표
- ○상무장관 윌버 로스 전 투자은행 로스차일드 대표
- ○노동장관 앤드루 퍼즈더 'CKE 레스토랑'의 최고경영자 CEO
- ○교육장관 벳시 디보스 교육활동가
- ○교통장관 일레인 차오 전 노동 장관
- ○에너지 장관 릭 페리 전 텍사스 주지사 내정
- ○주택도시개발장관 벤 카슨 신경외과의사
- ○보건복지장관 톰 프라이스(조지아) 하원의원
- ○환경보호청(EPA) 청장에 스콧 프루이트 오클라호마 주 법무장관
- ○장관급 중소기업청장에 프로레슬링엔터테인먼트(WWE) 소유주인 린다 맥마흔
- ○상무부 부장관 시카고 컵스 소유주이자 공화당의 큰손인 토드 리케츠
- ○복지부 산하 공보험관리기구인 의료서비스센터(CMS) 센터장에 시마 베르마 인디애나 주 보건정책 고문
- ○주택도시개발장관 벤 카슨
- ○스콧 프루이트 환경보호청(EPA) 청장,
- ○린다 맥마흔 중소기업청장

부처 장관 9명의 배경을 보면 2명은 현역의원(세션스 · 프라이스), 2명은 예비역 장성(매티스 · 켈리), 2명은 월가(므누신 · 로스) 인사이며 나머지는 대권후보(카슨), 교육전문가(디보스), 관료(차오) 출신이다. 지금까지 인선이 확정된 장관 9명을 인종별로 보면 7명이 백인이고 1명은 흑인, 나머지 1명은 대만계 출신 소수계 인사다.

각료급으로 범위를 확대해 유엔 주재 미국대사에 내정된 인도계 니키 헤일리 사우스캐롤라이나 주지사와 보건복지부 산하 공보험 관리기구인 의료서비스센터(CMS) 수장에 낙점된 인도계 시마 베르마 인디애나주(州) 보건정책 고문을 포함하면 아시아계 여성은 총 3명이다.

트럼프 당선인은 이밖에 라인스 프리버스 비서실장, 마이크 플린 국가안보보좌관, 캐슬린 T. 맥파랜드 국가안보회의(NSC) 부보좌관을 비롯한 백악관 참모와 마이크 폼페오 중앙정보국(CIA) 국장, 헤일리 유엔 주재 미국대사, 테리 브랜스테드 중국 주재 미국대사, 스콧 프루이트 환경보호청(EPA) 청장, 린다 맥마흔 중소기업청장 등 내각 이외의 중요 직책에 대한 인선도 마쳤다. 상무부 부장관에는 시카고 컵스 소유주이자 공화당의 큰손인 토드 리케츠를 낙점했다.

**트럼프 정부 초대 내각의 특징은 안보라인과 국내정책 주요 포스트를 강경파가 장악했다.** 국가안보보좌관과 법무, 국방, CIA 국장 등 안보라인은 모두 이민과 테러정책 등에 있어 초강경 입장을 취하고 있는 인물들이고 복지장관과 환경보호청장 내정자는 버락 오바마 대통령의 핵심 어젠다인 '오바마 케어'(건강보험개혁법)와 기후변화대책을 앞장서 비판해 온 인사들이다.

**초대 내각은 또 억만장자인 트럼프 당선인에 더해 재무, 상무장관을 비롯해 초갑부들이 포진한 이른바 '가질리어네어'(gazillionaires) 내각의 성격도 띠고 있다.** 로스 상무장관은 29억 달러(약 3조4천억 원), 므누신 재무장관은 4천600만 달러(약 535억 원)의 재산을 각각 보유한 것으로 알려졌다.

트럼프가 내정한 각료의 면면을 보면 앞으로 4년간 이끌어갈 미국의 청사진을 엿볼 수 있다.

(1) 가장 먼저 두드러지는 공통점은 대부분의 지명자들이 **백인 남성으로 이뤄져 있다**는 점이다. 인종 · 성별 · 종교적 다양성이 소멸돼 균형 잡힌 통합 정부 구성에 대한 우려하는 부분이다.

트럼프 초기 행정부에는 마이크 펜스 부통령과 백악관 보좌관직을 제외한 18명의 지명자 가운데 백인 14명, 남성 12명이 포함돼 있는 반면, **히스패닉은 단 한명도 포함되지 않았다.** 트럼프 행정부의 **흑인 내정자는 신경외과의 출신으로 주택 도시개발 장관에 지명된 벤 카슨이 유일하다.**

특히 국무 · 국방 · 법무 · 재무장관 등 4개 핵심요직을 백인 남성이 모두 독차지한 것은 조지 H.W. 부시(아버지 부시) 전 대통령의 초기 내각 이래 28년 만으로 **백인 남성이 트럼프 내각 고위직을 장악했다**고 평가한다.

당내에서도 반발과 역풍을 맞고 있는 **국무장관** 틸러슨, **국방장관**으로 지명된 '미친개' 제임스 매티스 전 중부군사령관, **법무장관**으로 지명된 제프 세션스 상원의원(앨라배마), 골드만삭스 은행가 출신 스티븐 므누신 **재무장관** 등 4명은 **모두 백인 남성이다**.

버락 오바마 대통령의 초기 행정부에 흑인 법무장관 에릭 홀더와 여성 국무장관인 힐러리 클린턴이 포함됐던 것에 비해 상당히 대조적이다. 조지 W. 부시 전 대통령은 콜린 파월을 최초의 흑인 국무장관으로 임명했다.

(2) 트럼프 행정부의 또 다른 특징은 미국의 대형 투자은행(IB) 골드만삭스 출신 인사와 자신과 같은 억만장자 기업인이 대거 포진했다는 점이다. 이를 두고 비판자들은 **트럼프 행정부를 골드만 삭스**(Goldman), **군 장성**(generals), **억만장자 갑부**(gazillionaires) **출신 인사로 채워진 이른바 3G 내각이라고 부르고 있다**.

**트럼프 행정부가 사실상 '골드만삭스 정부'라는 평가와 함께 각 내정자들의 이해충돌**(Conflict of Interest) **가능성을 우려한다**. 대표적인 골드만삭스 출신 인사는 므누신 재무장관, 국가경제위원회(NEC) 위원장에 오른 게리 콘 골드만삭스 사장 겸 최고운영책임자(COO), 백악관 수석전략가 겸 수석 고문에 오른 스티브 배넌이다. 배넌은 골드만삭스 인수합병(M&A) 전문가로 활동한 경력이 있다.

(3) **행정부 내에 군 장성 출신이 많이 눈에 띈다는 점이다**. 국가안보정책을 이끌어갈 외교안보라인에는 매티스 전 중부사령관과 마이클 플

린 전 국방정보국(DIA) 국장, 해병대 대장 출신 존 켈리 국토안보장관 지명자 등 모두 군 장성 출신이 자리했다.

국가안보를 전문가에게 맡긴다는 긍정적 평가가 있지만, **시민이 군대를 통제 한다는 원칙을 버리고 전시내각을 방불케 하는 군사적인 정부를 꾸리고 있다는 비판도 있다. 외교정책을 비롯한 미국의 각종 대내외 정책에 군사적 영향력이 강화되는 것을 우려한다.**

(4) **네 번째로 두드러진 특징은 공직경험이 전무한 워싱턴 '아웃사이더' 억만장자 사업가 출신 내각도 두드러진 특징이다.** 사모펀드 WL로스앤코의 회장으로 포브스 추산 자산이 29억달러(약 3조4000억원)에 달하는 윌버 로스는 상무장관에 지명됐으며, 투자그룹 '윈드퀘스트' 등을 이끌고 있는 억만장자 벳시 디보스 교육장관는 교육장관에 기용됐다. 므누신 재무장관 지명자도 개인 자산이 4000만달러(약 468억원)에 달한다. 틸러슨은 2억4000만달러(약 2802억원)어치의 엑손모빌 주식을 보유하고 있다.

(5) 트럼프 당선인이 후보시절부터 적극적인 에너지자원개발을 천명했던 만큼, 차기 행정부는 버락 오바마 대통령이 지난 8년간 추구해 온 기후변화·환경정책 유산을 뒤집고 **화석연료 개발에 나설 것으로 보인다.**

주택도시개발장관 카슨은 **사회 안전망 프로그램이나 공정주택사업 등 주택도시개발부 핵심활동에 깊은 반감을 드러냈으며,** 디보스 교육장관은 **교육 민영화와 자율형 공립학교 등을 지지하며 정부의 핵심 임무인 공공교육체계를 깎아내리는 방향으로 갈 것이다.**

노동정책도 휘청 이고 있다. 노동부장관으로 지명된 패스트푸드기업 CKE 레스토랑 최고경영자(CEO) 앤드루 푸즈더는 초과근무 수당 지급 범위 확대, 최저임금 인상 등 오바마 대통령이 추진 중인 노동정책에 비판의 목소리를 내온 대표적 인사다.

(6) 트럼프의 내정인사의 면면을 두고 **트럼프는 워싱턴 정계 주류를 붙잡고 거꾸로 뒤집어 흔드는 일만 남았다**고 혹평한다.

### ➾ 국방, 안보, 외교팀

**도널드 트럼프 당선인이 안보라인을 초강경파 3인으로 채웠다**. 법무장관, **제프 세션스**(69 · 앨라배마) 상원의원, 중앙정보국(CIA) 국장, **마이크 폼페오**(53 · 캔자스) 하원의원 등은 **국내외 안보를 담당하는 대표적 매파 트리오다**.

타협을 모르는 국가안보주의자들은 국가안보를 더욱 보수적으로 담당할 것으로 보인다. 국내 안보의 총책인 **법무장관 세션스 의원은 인종주의자로 알려져 있다. 그는 불법이민에 대한 강경입장을 유지해온 인사다**. 2013년 미국 내 불법이민자들의 시민권 취득의 길을 터주는 이민개혁법안의 입법을 추진했을 때, 강력히 반대했던 리더가 세션스 의원이었다.

불법이민자를 사면하는 법률은 테러지원 결과를 낳는다. 합법 이민도 줄여야 한다. 2000년대 초반부터 국경 장벽을 설치한다. 외국 거주 무슬림의 잠정적 입국을 금지하고 무슬림 입국금지 대상에 중동과 아프리카 출신 이민자도 포함한다.

도널드 트럼프 정부의 외교안보정책이 **극단적인 매파 성격**을 띠게 될 것이다. **핵능력 강화가 자칫 세계적인 핵무기 경쟁으로 이어질 수 있다는 비판에도 트럼프 외교안보 진영의 '매파' 성향을 극명하다.**

트럼프 정부의 강경한 외교안보라인은 미국의 대외정책이 시계 제로 상황을 초래할 것이다. **친러 · 반중' 성향으로 기울어지고 북한과 이란에 대해 강경 압박 기조가 유지될 것이다.** 미국 외교안보 사령탑은 국무장관과 국방장관, 백악관 국가안보보좌관의 삼두체제다. 렉스 틸러슨 국무장관은 공직 경험이 전혀 없는 기업인이지만 푸틴의 친구로 불릴 만큼 러시아와 가깝고, 오바마 대통령에 러시아 경제제재에 반발해 러시아로부터 훈장을 받기도 했다.

국방장관에 내정된 제임스 매티스는 이라크전 당시 바그다드 진격을 이끈 해병1사단 출신으로 중부군 사령관을 지냈다. '미친개'라는 별명이 말해주듯이 적에게는 예외가 없다. **매티스가 바라보는 적은 이슬람국가(IS)세력과 이란, 북한 등이다. 이들 인사를 감안할 때 미국의 향후 외교안보정책은 러시아와 협력해 IS, 이란, 북한 등을 강하게 압박하면서 군사력을 과시할 것으로 보인다.**

특히 북한에 대한 고강도 압박이 정권 초기부터 진행될 것으로 보인다. 매티스 국방장관은 북한과 이란의 협력이 미국의 안보를 위협하고 있다고 지적한다. **외교안보라인 주요 보직에 군 출신을 배치한 것은 군사적으로도 '강한 미국'을 주장하는 트럼프의 주장이 반영된 것이다.** 국가안보보좌관과 국방장관, 그리고 **존 켈리 국토안보 장관**은 예비역 중장 출신이다. 군 출신 국방장관이 미국에서는 60년 만이다. **켈리 국토안보장관은 남부군 사령관 출신으로 멕시코 국경에 장벽 건설, 트럼프의 반이민 정책 옹호론자다.**

**마이크 폼페오 중앙정보국 국장은 북한 핵문제를 해결하기 위해서는 경제력과 군사력을 모두 동원해야 한다는 강경론자다.** 트럼프 진영은 친이스라엘 행보를 보일 것이며 트럼프의 사위 재러드 쿠슈너가 유대인인 영향이 크다.

유엔 안보리가 팔레스타인 자치령 내 이스라엘 정착촌 건설 중단을 촉구하는 결의안을 채택한 것과 관련해 베냐민 네타냐후 이스라엘 총리가 미국 대사를 초치해 정식으로 항의한 반면 트럼프 진영과는 지속적으로 소통을 이어가고 있다.

### ⇨ 마이크 펜스 부통령

인디애나에서 태어나 인디애나대 로스쿨을 졸업, 변호사로 활동하던 **펜스**(57)는 1994년부터 5년간 지역 라디오 방송에서 '마이크 펜스 쇼'를 진행하며 인지도를 높였고, 2000년에는 인디애나 주에서 하원의원으로 당선돼 6선에 성공한 뒤 2012년 곧바로 인디애나 주지사에 올랐다. **부통령인 마이크 펜스 인디애나 주지사는 공화당 강경세력인 '티파티'**

**소속이다**. 2008년과 2012년 대선 후보로 거론됐을 정도로 당내지지 세력이 많다. 그는 정치 비주류인 트럼프 행정부와 의회 사이에서 완충제 역할을 해줄 것으로 본다.

### ⇨ 렉스 틸러슨 국무장관

도널드 트럼프 정부의 초대 국무장관은 친(親) 러시아 성향의 석유 거물인 렉스 틸러슨 엑손모빌 최고경영자(CEO)가 낙점됐다. **트럼프는 렉스 틸러슨이** 러시아와의 우호적인 관계를 우정과 혼동하지 않을 사람으로 평가했다. 틸러슨은 매우 냉정한 현실주의자다. 러시아와의 옛정에 휩쓸려 국정을 망치진 않을 사람이다. 공직 경험이 전무 하고 미국과 적대적인 러시아와 친밀한 관계라는 점에서 외교수장 적격성을 놓고 거센 논란이 일었다.

올해 64세인 틸러슨은 텍사스 주에서 자랐다. 그는 1975년 엑손모빌에 입사해 2006년 CEO에 올랐다. 오랜 기간 공화당 인사들과 밀접했지만, 공직 경험은 없다. 엑손모빌을 경영하면서 외국 정상을 비롯한 고위 인사들과 광범위한 인적 네트워크를 형성한 것으로 알려진다. 트럼프 진영에서는 CEO로서 경영능력을 외교활동에 접목할 수 있는 것을 강점으로 꼽고 있다.

그는 미국 내 대표적인 친 러시아 인사다. 엑손모빌은 러시아와 국영 석유회사인 로스네프트를 포함해 러시아와 다양한 합작사업을 해왔다. 틸러슨은 2012년 러시아 정부훈장인 '우정훈장(Order of Friends)'도 받았다. 러시아와의 합작사업 때문에 틸러슨은 버락 오바마 정부가 주도한 서방의 대(對) 러시아 제재에도 비판적 입장을 취해왔다.

### ➾ 제프 세션스 법무장관

인종주의 논란에 휩싸였던 상원의원 제프 세션스(앨라배마)가 미국 법무장관이 됐다. 상원의원 제프 세션스는 인종주의 논란에 휩싸였던 극우 성향의 인물이다. 세션스 법무장관은 인종차별주의적 성향과 행동으로 연방지법 판사에 선임되지 못하는 등 숱한 논란에 휩싸였으며 트럼프 행정부의 핵심정책인 반 이민 행정명령을 입안한 설계자 중 한 명이기도 하다.

앞서 세션스의 인준을 앞두고 민주당 엘리자베스 워런(매사추세츠) 상원의원이 그에게 공격성 발언을 했다는 이유로 이례적인 원내발언 금지 조치를 당하기도 했다[서울신문, 이수민기자, 2017.2.9.].

### ➾ 제임스 매티스 국방장관

도널드 트럼프는 국방장관으로 '미친 개(Mad Dog)' 제임스 매티스 선 미군 사령관이 내정했다. 1969년 해병대에 자원입대한 뒤 1972년 소위로 임관한 매티스 전 사령관은 2001년 아프간 침공과 2003년 이라크 전쟁에서 활약한 바 있다. 그는 2004년 미군 등 연합군과 수니파 반군의 격렬한 전투지였던 이라크 팔루자에서 해병대를 이끈 바 있다.

이 밖에도 매티스는 2007년 미군 국방부 산하 합동군사령부(USJFC)와 북대서양조약기구(나토 · NATO)에서 사령관 직책을 역임하기도 했다. 마티스는 일반 사병들과 함께 참호에 뛰어들 수 있는 우리 세대에 가장 존경받는 해병으로 평가 받을 정도로 군인 사회에서 존경을 받는 인물이다.

하지만 **매티스 전 사령관은 전장에서 카리스마 있는 결단력을 보인 한편 경솔한 군사결정으로 수많은 민간인 사상자를 내기도 해 '미친 개'라는 별명을 얻기도 했다**. 실제로 매티스는 2004년 5월 이라크의 한 마을이 "군사 은신처로 의심된다"는 이유로 공격을 명령해 결혼식에 모인 40여명의 민간인을 사살한 바 있다.

매티스가 정보 입수 후 공격 명령을 내리는 데 고작 30초 밖에 걸리지 않았던 것으로 드러나면서 논란이 일었었다. 미군 측은 해당 공격이 정당했다는 입장을 고수하고 있다. 또한 공식석상에서 직설적인 '막말'을 서슴치 않아 트럼프와 닮은꼴이라는 평가도 나오고 있다. 미국 군부에서 매티스는 "해병대는 '패배'를 쓸 줄 모른다"는 등 사기를 북돋는 구호로 잘 알려져 있다.

그의 어록에는 "누구를 만나던지 그를 존중하고 예의를 차려야 하지만, 만나는 모든 사람을 죽일 수 있는 계획이 있어야 한다"는 파격적인 말도 있다. 특히 2005년 한 공식성상에서 "어떤 사람들에게 총격을 가하는 것은 매우 재미있다"며 "나는 싸움을 좋아한다"고 말해 논란을 일으킨 바 있다.

### ➾ 케이시 맥모리스 로저스 내무장관

도널드 트럼프 미국 대통령은 내무장관에 공화당 소속 여성 하원의원인 케이시 맥모리스 로저스(47)를 낙점했다. 로저스 의원은 2004년 워싱턴 주 하원의원 당선을 시작으로 정계에 진출했으며 2005년 연방의회에 입성해 연속 5선을 한 인물로, 공화당 지도부 최고위 여성 의원이다.

로저스는 또 하원 공화당 의원협회 회장을 맞고 있으며, 트럼프 정권 인수위 부위원장으로도 활동했다. 내무부는 토지 관리 및 에너지, 광산, 연안 석유시추 등을 관장하는 부처인데, 트럼프는 로저스를 내무장관에 기용함으로써 화석연료 생산을 확대할 것으로 전망된다. 로저스 의원은 석유 및 가스, 화석연료 개발에 적극 찬성하는 한편 기후변화 대책에 부정적인 입장이다

### ➾ 댄 코츠 국가정보국 국장

도널드 트럼프 차기 행정부의 국가 정보기관을 총지휘할 **국가정보국(DNI) 국장**에 댄 코츠(73) 전 상원의원이 지명됐다. 2001년 9 · 11 테러 이후 신설된 DNI는 **중앙정보국**(CIA), **국가안보국**(NSA), **연방수사국**(FBI) **등 미 17개 정보기관을 총괄하는 기관이다**. DNI는 매일 미 대통령에게 정보 · 기밀 브리핑을 한다[워싱턴=연합뉴스 강영두 특파원, 2017.1.6.].

공화당 소속인 코츠 전 의원은 인디애나 주 상원의원을 10년 이상 지낸 베테랑 정치인이며, 지난해 말 은퇴하기 직전까지 정보위원회 소속으로 활동했다. 상원의원에 앞서 하원의원도 4선을 기록했으며, 조지

W. 부시 전 대통령 재임 시절에는 주독일 미국대사를 역임했다.

### ➾ 라인스 프리버스 백악관 비서실장

비서실장 라인스 프리버스(44) 공화당 전국위원회(RNC) 위원장은 스티브와 라인스 모두 선거 때 아주 일을 잘했다고, 또 역사적 승리를 일궈낸 훌륭한 자질을 갖춘 지도자들이라고 트럼프는 평가한다.

프리버스는 앞서 대선과정에서 공화당 1인자 폴 라이언 하원의장을 비롯해 공화당 주류가 트럼프를 비판할 때도 앞장서 옹호했다. 트럼프 패밀리인 장녀 이방카와 남편 재러드 쿠슈너와의 관계도 원만한데다가, 마이크 펜스 부통령 당선인은 물론 폴 라이언 하원의장과도 친밀한 관계다. 이에 따라 트럼프와 갈등을 빚은 공화당 주류와 트럼프의 가교 역할로 기대를 모으고 있다[국민일보, 정지용 기자, 2016.11.14.].

프리버스는 위스콘신 출신으로 위스콘신-화이트워터대를 졸업할 때까지 지역을 떠나지 않았고, 2007년에는 위스콘신주의 최연소 공화당 의장이 됐다. 온건파로 알려진 프리버스는 대선 기간부터 실무 업무를 깔끔하게 수행한 만큼 트럼프의 수족이 돼 전반적인 정보 흐름을 조정했다. 극우 강경파인 **스티브 배넌 백악관 수석전략가와**는 마찰을 빚을 가능성이 있다. 배넌은 선동가적인 인기영합주의자로서 현 공화당 체제를 싫어해 3인방과 갈등을 빚을 소지가 많을 것으로 예상한다. 역사적으로 볼 때 결국 대통령과 지근거리에 있는 펜스와 프리버스가 권력 싸움에서 배넌에게 승리를 거둘 가능성이 높다고 예측한다.

### ⇨ 스티브 배넌 백악관 수석 고문 및 전략가

도널드 트럼프는 스티브 배넌(62) 선대위 최고경영자(CEO)를 백악관 수석 고문 및 전략가로 임명했다. 배넌은 강경 우익 성향으로 강경 발언과 과감한 행동도 서슴지 않아 '길거리 싸움꾼'의 이미지 강하다.

배넌은 백인 민족주의자들의 지지를 받고 있는 대안 우파(Alt-Right)에 긴밀히 밀착돼 있다. 대안 우파는 주류 보수주의를 거부하는 새로운 형태의 우파 운동으로 이민반대를 주장한다. 1953년생인 배넌은 보수 우파 언론매체 브레이트바트를 창업한 인물로 지난 8월 트럼프 캠프에 '구원군'으로 합류했다. 배넌은 앞으로 백악관이 나아갈 전략적 방향을 제시할 것이다.

**대안 우파는 백인 민족주의를 전면에 내세우는 조직으로 인종적으로 민감한 발언들을 서슴치 않았다. 브레이트바트는 인종차별적이고 여성과 이민자들을 공격하는 기사들을 써왔다**

브레이트바트에서 일했던 직원들은 배넌을 두려워했다. 그는 사악한 사람이며 심술궂은 인물로 상대방이 마음에 들지 않으면 협박하거나 위협을 가했다[서울=뉴시스, 권성근 기자, 2016.11.14.].

**배넌은 정부책임연구소**(Government Accountability Institute)**의 공동 창립자이기도 하다.** 보수주의 성향의 비영리기구인 이 연구소는 클린턴 가족이 외국 정부와 기업인으로부터 돈을 받은 이야기를 담은 '클린튼 캐쉬'(Clinton Cash)를 출간했다. **언론매체는 그를 '미국에서 가장 위험한**

**정치 공작가'로 묘사하기도 했다.**

버지니아 주에서 태어난 그는 해군장교 출신이다. 버지니아공대를 졸업하고 조지타운대에서 국가안보연구로 석사를 받았으며, 하버드대 경영대학원에서 MBA를 취득했다.

이후 골드만삭스에서 투자은행원으로 근무하기도 했으며, 1990년대에는 영화도 몇 편 제작했다. 민주당 성향의 집안에서 태어났으나 민주당 출신 대통령인 지미 카터에 대한 실망감으로 공화당 지지자로 돌아선 것으로 알려졌다. **그는 부인으로부터 가정에서 폭력을 행사하고 반유대주의 발언을 했다는 이유로 소송을 당하기도 했다.**

**트럼프 선거캠프 수장이었던 스티브 배넌은 극우매체 브레이트바트 설립자로 트럼프에 버금가는 막말 실력을 자랑한다.** 배넌은 무역과 이민, 대테러 정책을 만드는 데 주력할 것으로 보인다. '트럼프보다 더 트럼프 같다'는 평가를 받는 그는 골드만삭스 출신으로 정치 경험이 없는 신인이다.

04

# 트럼프 경제팀 – 월스트리트 점령

백악관에서 대통령에게 경제정책을 조언하고 경제부처 간 조정역할을 하는 국가경제위원회(NEC) 위원장, 전 골드만삭스 사장 겸 최고운영자인 게리 콘(56), 재무장관, 골드만삭스 출신의 스티브 므누신, 상무장관, 로스차일드 출신의 윌버 로스 등 3인의 트럼프 정부 경제라인은 사실상 월스트리트 인사들이 완벽히 장악하게 됐다.

대선 기간 대통령이 되면 로비와 월스트리트를 규제해 워싱턴의 오물을 빼내겠다며 월가와 정가의 결탁을 비판했던 것과는 사뭇 다른 행보라는 비판이 일고 있다.

콘은 1990년 골드만삭스에 들어가 채권과 상품 거래에서 두각을 나타냈으며, 2006년부터 사장 겸 COO를 맡아왔다. 2014년 연봉이 2천200만 달러(약 258억 원)로 보고됐을 정도로 초갑부다.

이로써 트럼프 정부를 향한 '가질리어네어(gazillionaire · 초갑부) 정부'라는 비판 또한 더욱 커질 전망이다.

트럼프 정부에 입성하는 월스트리트 인사 중 최 고위직인 콘이 앞으로 **법인세 인하와 무역정책 재조정** 등 핵심 경제공약 정책화를 진두지휘할 것이다.

그는 특히 골드만삭스에서 17년간 일하고 전무로 퇴임한 후 헤지펀드 회사와 대출회사 회장을 맡았던 **므누신 재무장관**와 호흡을 맞출 것이다.

**므누신 재무장관**은 투자은행 로스차일드 회장 출신인 **로스 상무장관과 함께 트럼프의 보호무역주의 정책을 입안**했다.

백악관 수석전략가에 임명된 **스티븐 배넌**은 골드만삭스에서 인수합병(M&A) 전문가로 활약했고, 트럼프 정권인수위 집행위원으로 앞으로 정부 합류가 유력한 **앤서니 스카라무치**는 골드만삭스에서 헤지펀드 매니저로 일했다.

### ⇨ 제이슨 그린블랫 국제협상 특별대표

정부 국제협상 특별대표는 트럼프 자신이 운영해온 부동산 대기업 **'트럼프 그룹'의 법률담당 부사장 제이슨 그린블랫**(49)이 낙점됐다. 그린블랫은 변호사 출신으로 트럼프 그룹에서 20여년간 근무해왔으며, 현재 트럼프 그룹의 최고법률책임자이자 부사장을 맡고 있다.

그린블랫은 뉴욕대 로스쿨 출신으로, 졸업 후 법률회사에 근무하다 트럼프 그룹에 합류했으며, 트럼프 그룹에서는 주로 국내 및 세계의 부동산 개발사업과 관련한 변호 및 트럼프 개인과 그의 가족에 관한 변호를 맡았다.

그의 경력은 대부분이 변호사로 외교정책 관련 경험은 거의 없는 것으로 알려졌으나 국제협상 특별대표라는 중책에 낙점돼 논란이 일었다.

그린블랫은 국제협상 특별대표로서 주로 이스라엘과 팔레스타인 평화협상 및 미국과 쿠바와의 관계 등을 다룰 것으로 예상한다. 그는 헝가리계 유대인의 아들로 정통파 유대교도다. 앞서 대선 기간 중에도 트럼프 선거캠프에서 미국과 이스라엘의 관계를 조언하는 고문 역할을 맡은 바 있다.

### ⇨ 믹 멀버니 백악관 예산관리국 국장

믹 멀버니 백악관 예산관리국(OMB) 국장은 초강경 보수 성향의 인물이다. 멀버니는 지난 2010년 **공화당 내 보수 원리주의 정치운동 티파티의 지원을 업고 하원의원(사우스캐롤라이나)에 당선됐다**[헤럴드경제=김현경 기사, 2017.2.17.]. 그는 정부 예산은 물론 다른 정치 현안에 대해서도 강한 보수성향을 나타낸 인물로, **메디케어(노인 의료보험) 제도와 사회보장 지출 억제를 지지해왔다**. 멀버니는 공화당 내 초강경파 하원의원 모임인 **프리덤 코커스의 공동 창립자**이기도 하다. 백악관 예산관리국장은 미 행정부의 예산사용 우선순위를 정하고 규제 시행을 조율하는 자리다.

### ⇒ 로버트 라이시저 미 무역대표부 대표

로버트 라이시저 전 USTR 부대표는 미 무역대표부(USTR) 대표에 내정됐다. 라이시저는 미국 노동자를 최우선으로 하는 좋은 무역협정들을 위해 우리가 싸우는 데 있어 미국을 대표하는 탁월한 업무를 할 것이다. 또 그는 우리 경제의 가장 중요한 부문들을 보호하는 합의들을 타결한 폭넓은 경험을 지녔으며, 민간부문에서도 미국인에게 타격을 준 나쁜 협정들을 막고자 계속 싸워왔다.

미국인의 번영을 앗아간, 아주 많은 실패한 무역 정책들을 바꾸는 데 놀라운 일을 수행할 것이다. 라이시저는 윌버 로스 상무장관, 피터 나바로 백악관 국가무역위원회(NTC) 위원장과 함께 미국의 무역적자를 축소하고 경제 성장을 확대하며, 제조업 기반을 강화하고 일자리 대 이탈을 막는 정책을 위해 긴밀히 협력할 것이다.

이처럼 트럼프는 미 무역정책을 담당하는 대통령 직속기구인 USTR 수장을 임명함에 따라 **백악관 국가무역위-상무부-USTR 등 미국 우선주의에 기반을 둔 신(新)고립주의적 트럼프 통상정책을 진두지휘할 3각 체제를 구축했다**.

트럼프는 글로벌 무역협정이 미국인 노동자의 희생을 대가로 타국에 이익을 주고 있다며 성토해왔다. 특히 12개국이 참여하는 다자간 무역협정인 환태평양경제동반자협정(TPP)을 즉각 탈퇴하고 미국의 이익에 기반을 둬 개별 국가와의 양자협정을 추진하겠다고 강조해왔다.

라이시저는 미국인 노동자를 위해 기울어진 운동장을 평평하게 하라는 트럼프 당선인의 임무에 전적으로 헌신하겠다며 모든 미국인에게 혜택을 주는 더 좋은 무역협정들을 만들 수 있도록 트럼프의 미 우선주의 통상정책의 총대를 멜 것을 강력히 시사했다[워싱턴 김미경 특파원, 서울신문, 2017.1.4.].

### ⇨ 게리 콘 국가경제위원회 위원장

도널드 트럼프는 투자은행 골드만삭스 사장 겸 최고운영자(COO)인 게리 콘(56)을 국가경제위원회(NEC) 위원장에 지명했다. **게리 콩은 기존 경제학을 거부하고 정부는 미국의 무역적자 축소에 방점을 찍어야 하며 기존 관세 · 법인세 등이 미국의 일자리를 빼앗았다고 보는 강경론자들이다.**

무역흑자는 다른 분야의 비용발생으로 이어질 수 있기에 **보호무역이 만병통치약이 될 수 없다는 전통적 주류 공화당의 사상**을 공유하는 이들이다. 다만 무역에 대해서는 시각차가 크지만 **양측 모두 기업 감세와 규제 철폐에는 동의하고 있다.**

경제 · 산업 분야의 수장들에 월스트리트, 특히 골드만삭스 출신 억만장자들이 대거 포진된 것도 트럼프 내각의 특징이다. 월가를 규제하겠다던 트럼프의 대선 공약은 이미 공염불이 됐고, 대신 규제완화와 법인세 인하 등 **'비즈니스 프렌들리' 정책의 본격화 할 것으로 본다.**

경제정책 운용을 위한 핵심 자리에 월스트리트 인사들을 임명하면서 노동자들의 이해 증진을 위해 월스트리트를 개혁하겠다던 대선 공약을 배신하고 있다는 비판이다.

**월스트리트에서 성공한 기업인들이 이제는 노동자들을 위해 그 능력을 발휘할 것이라지만 기업에 대한 세금 감면과 규제 개혁이 노동자들의 복지로 이어질 수 있을지 의문을 표시한다.**

트럼프는 골드만삭스를 부패한 다국적 엘리트의 아이콘으로 묘사하며 미국 노동자 계급을 강탈하는 글로벌 권력 구조의 일부라고 맹비난한 바 있다. 진보 진영은 트럼프의 대중 영합주의적인 캠페인이 공허한 거짓말이었다는 사실을 보여주는 것이라고 비판한다.

트럼프의 골드만 삭스 인사를 중용하는 데는 이해 충돌적인 요소가 있다고 지적한다. 트럼프와 골드만삭스의 연관은 규제부터 세금에 이르는 문제를 다루는 데 있어 이해충돌을 야기할 수 있다.

트럼프 경제팀은 내분이 일 수 있다. 이는 무역적자를 보는 상반된 시각 때문이다. 한쪽은 선거공약대로 미국 내 일자리를 지키고, 중산층 소득을 늘리려면 불공정 교역국에 고율의 관세를 부과하고 해외로 공장을 이전한 미국 기업에 세금을 매기는 등의 채찍이 필요하다고 주장한다.

트럼프 당선자의 선임경제자문인 데이비드 말패스는 북미자유무역협정(NAFTA)이 미국 중소기업을 위기로 내몰고 있다는 이유로 재협상을 지지하고 있다. 피터 나바로 캘리포니아대 교수도 강력한 대(對)중 무역 제재가 필요하다는 의견이다.

다른 한쪽에선 대폭적인 감세와 규제 완화 등 전통적인 공화당의 경제정책을 따라야 한다는 목소리를 낸다. 교역국과의 통상전쟁으로 치달을 수 있는 보호무역주의보다 미국이 비즈니스를 하기에 최적의 환경을 제공하는 것이 더 중요하다는 주장이다. 마이크 펜스 부통령도 인디애나 주지사 시절엔 환태평양경제동반자협정(TPP)을 지지했다[뉴욕=이심기 특파원, 한국경제, 2016.11.21.].

### ➾ 피터 나바로 어바인 국가무역위원회 위원장

무역정책을 전담할 국가무역위원회(NTC · National Trade Council)에 피터 나바로 어바인 캘리포니아대 교수가 내정됐다. 나바로 교수는 윌버 로스 상무장관 내정자와 더불어 트럼프의 경제정책의 큰 틀을 만들게 됐다.

NTC는 미국 상품을 구입하고 미국인을 고용하는 경제정책을 총괄할 임무를 부여했다. **NTC의 신설은 미국 제조업을 다시 위대하게 만들고 모든 미국인이 제대로 된 보수를 받고 제대로 된 일 할 수 있도록 할 것이며 무역 적자를 줄이고 성장을 촉진해 일자리 엑소더스를 막을 무역정책을 개발하는 임무를 맡을 것이다.**

나바로 교수는 중국 문제에 대한 대표적인 강경론자다. 중국의 부상을 비판적으로 조명한 책 '슈퍼파워 중국'(The Coming China Wars)을 저술하고, 중국의 경제 영향력 강화가 미국에 악영향을 준다는 내용의 '중국이 세상을 지배하는 그 날'(Death by China: Confronting The Dragon - A Global Call to Action)을 공동 저술했다.

중국이 세상을 지배하는 그 날은 직접 다큐멘터리 영화로도 제작했다. 트럼프 당선인은 이 영화 웹사이트에 이 중요한 다큐멘터리는 사실과 수치, 통찰력을 바탕으로 중국 문제를 그려냈다고 호평했다.

나바로 교수는 저서와 영화 '웅크린 호랑이'(Crouching Tiger)에서 북한 핵 개발이 중국과 밀접한 관련이 있다는 시각을 드러내기도 했다.

중국이 동맹국인 파키스탄에 핵무기 기술을 전수했으며, 이후 이 기술이 북한과 이란 등 '불량 국가'를 포함한 전 세계로 확산했다고 주장한다. 나바로 교수는 중국 상품에 45% 관세를 부과한다는 트럼프의 공약을 지지하며 중국의 더 큰 세계 시장에 접근하려면 규칙을 따라야 한다. 중국은 트럼프를 존중할 것이라고 말한 바 있다.

트럼프가 백악관에 국가안전보장위원회(NSC)와 같은 위상의 NTC를 신설하고 나바로 교수를 책임자로 내정한 일은 앞으로 트럼프 행정부에서 무역 문제, 특히 중국과의 무역 문제에서 강경 노선을 택할 것으로 전망한다.

아울러 **나바로 교수는 한·미 자유무역협정(FTA)에 대해서도 부정적**

시각을 드러낸 바 있다. **그가 윌버 로스 상무장관 내정자와 함께 작성한 보고서에는 한미 FTA로 9만5천개의 일자리가 사라졌고 대(對) 한국 무역수지 적자는 거의 두 배로 확대됐다는 내용이 포함됐다.**

FTA를 포함한 실패한 협정에 대해 대대적으로 재협상을 추진해야 한다. **모든 협상은 미국의 경제성장 확대, 무역적자 해소, 미국 제조업 강화 등의 요건을 충족해야 한다.**

한미 FTA의 집행규정(enforcement provision)도 불충분하다. 한국이 자동차 관련 규정을 위반할 경우 최대 처벌은 2.5%의 관세 부과뿐이다. 이러한 처벌로는 규정 위반 행동을 저지할 수 없다고 보고 있다. 그동안 미국의 무역정책을 무역대표부(USTR)에서 담당했던 것과 달리 트럼프 행정부에서 로스 상무장관 내정자가 무역정책을 총괄할 것이라고 예상한다.

### ⇨ 알렉산더 아코스타를 노동장관

도널드 트럼프 미국 대통령이 법무차관보 출신의 법대 학장인 알렉산더 아코스타를 노동장관에 내정했다[서울=뉴시스, 권성근 기자, 2017.1.17.].

쿠바계 미국인인 아코스타는 하버드대학교에서 학위를 받았고 하버드대 로스쿨에서 법사 석사학위를 받았다. 아코스타는 현재 플로리다국제대학 법대 학장을 맡고 있으며 법무부에서 법무차관보를 역임했다. 아코스타는 노동관계 전문가로 알려져 있다. 트럼프 대통령이 노동장관에 히스패닉계인 아코스타를 지명한 것은 행정부 내 다양성을 고려한 결과로 보인다.

쿠바 이민계의 후손인 아코스타는 플로리다주 마이애미에서 성장했다. 아코스타는 1994년부터 1995년까지 현 대법관인 새뮤얼 앨리토 연방 제3순회 항소법원장 밑에서 재판 연구원으로 일했다.

아코스타는 이후 로펌인 커크랜드 앤 엘리스 워싱턴 사무소에서 고용 등 노동 문제 전문가로 활약했다. 아코스타는 조지 메이슨 대학 로스쿨에서 고용법, 시민권리법 등을 가르쳤다. 1998년부터 2000년까지 워싱턴의 보수적 싱크탱크인 '윤리 및 공공정책센터(Ethics and Public Policy Center)'에서 수석 연구원으로 재직했다. 2002년부터 2003년까지 국가노동관계위원회(NLRB) 위원으로도 활동했다.

노동단체들은 노동장관에서 낙마한 **앤드루 푸즈더**와 달리 친 노동 성향의 아코스타가 지명된 데 대해 환호했다. 미국 최대 노동조합 조직인 AFL-CIO(미 노동총연맹 산업별 조합회의)의 리처드 트럼카 회장은 "**푸즈더와 달리 알렉산더 아코스타 지명**은 진지하게 받아들일 수 있다"며 "하루 사이에 일상적으로 노동법을 어기는 패스트푸드 업체 최고경영자에서 노동법을 강화한 공무원 출신으로 바뀌었다"고 밝혔다.

불법 이주민 도우미를 고용, 전처 학대 논란에 휘말려온 푸즈더 노동장관 지명자는 15일 자진 사퇴했다. 앞서 공화당 상원의원 4명은 푸즈더 지명자에 대한 지지를 유보했다.

아코스타가 노동장관에 임명되면 트럼프 대통령과 미국계 무슬림인들 간 관계 개선에도 도움이 될 것으로 보인다고 NYT는 전망했다. 미국 내 무슬림인들은 트럼프 대통령이 종교적 차별을 조장하고 있다고 비판해왔다.

지난 2011년 미국 의회에서 미국계 무슬림인들의 시민권리에 관한 청문회에서 아코스타는 이들이 다른 미국인들과 동등한 권리를 부여받아야 한다고 주장했다. 아코스타는 당시 청문회에서 "어떤 커뮤니티가 범죄에 자주 연루된다는 논리는 성립되지 못한다"고 말했다.

05

# 미국을 다시 위대하게 – 미국 우선주의

**미국은 세계의 어느 나라도 넘볼 수 없는 초강국이다. 미국은 세계 도처의 분쟁에서 경찰국가로서 막강한 힘을 행사해 왔다. 미국의 군사력은 어느 누구도 대항할 수 없다.**

미국은 세계 국제금융질서에서 어느 나라도 제어할 수 없는 강력한 영향력을 행사하고 있다. 미국의 달러는 기축통화로서 세계통화이고 국제통화이며 세계 유동성의 흐름을 좌우하는 통화이다.

2017년 2월 집권한 도널드 트럼프 미국 대통령은 글로벌 국가와 글로벌 통화와 같은 그런 것은 없다며 나는 지구를 대표하는 게 아니라, 여러분의 국가(미국)를 대표하고 있다고 선언했다. 그는 자신의 대선 캐치프레이즈인 **미국 우선주의**(America First)를 다시 한 번 천명했다[워싱턴=연합뉴스 김세진 특파원, 2017.2.25.].

트럼프 대통령은 미국 보수우파 연합체 보수정치행동회의(CPAC) 연차총회 연설을 통해 이같이 말하고 여러분은 진정으로 위대한 국민이라고 치켜세웠다.

불법이민자를 막는 것은 세금을 아끼고 미국인의 생명을 구하는데 도움이 된다. 과격 이슬람 테러리스트들(terrorists)이 미국에 들어오는 것을 막아야 한다.

앞서 트럼프는 이슬람권 7개국 국적자와 난민의 한시적 입국 금지를 주된 내용으로 한 '반 이민 행정명령'을 발동했으나, 연방법원에 의해 제동이 걸렸으며, 조만간 행정명령 2탄으로 불법이민자를 쏙아 낼 것이다. 멕시코 국경장벽 건설도 예정보다 일정을 앞당겨 시작한다. 미국의 남쪽 국경을 지키기 위한 신속하고 강력한 행동을 취했다고 밝혔다.

트럼프 대통령은 또한 미국의 환태평양경제동반자협정(TPP) 참여 철회를 선거운동 때 약속했다. 우리를 당혹스럽게 하는 무역협정들을 고치겠다고 재차 확인했다. 북미자유무역협정(NAFTA) 역시 경제 발전과 관련해 지금까지 어떤 나라가 맺었던 협상과 비교해 봐도 최악이다.

**미 군사력 재건과 관련, 어느 누구도 감히 우리 군의 전력을 다시는 의심하지 못할 수준으로 끌어 올리겠다. 미국은 힘을 통한 평화를 믿으며, 그것이 우리가 달성하고자 목표라고 역설했다.**

트럼프는 미국인의 안전을 회복하겠다는 내 약속에 따라 국방 관련 부처에 이슬람국가(IS)를 완전히 없애버릴 방안을 강구하라고 지시했다.

**트럼프 대통령은 또 중산층과 기업을 위해 대규모로 세금을 줄이고 모든 사람에게 더 공정하게 작동하도록 세제를 고치겠다고 다짐했다. 또한 모든 미국인이 복지(welfare)에서 떠나서 일(work)로 돌아가야 할 때라고 주장했다.**

이와 함께, **그는 오바마 케어(건강보험)의 재앙을 철폐하고 대체하기 위한 준비를 하고 있다면서 기업이 일자리를 늘리지 못하도록 만드는 규제산업은 신속히 철폐하겠다고 말했다.**

트럼프 대통령은 중동에서 6조 달러를 쓰는 동안 우리의 기반시설들이 망가지도록 방치됐으며, 8년간 두 배로 늘어난 20조 달러의 국가 부채를 물려받았다면서 오바마 전 정부를 거듭 비난했다.

총기옹호단체인 미국총기협회(NRA)에 대해 그는 우리에 대한 훌륭한 지지자고, 그들은 우리나라를 사랑 한다면서 **나는 수정헌법2조(국민의 총기 보유권)를 지킬 것이라고 말했다.**

트럼프 대통령은 2011년과 2013년, 2014년, 2015년에도 미국 보수우파 연합체 보수정치행동회의(CPAC)에서 연설했다. 특히 트럼프 대통령은 2013년 연설 때 **미국을 다시 위대하게**(Make America Great Again)라는 구호를 사용했다[워싱턴=연합뉴스 김세진 특파원, 2017.2.25.].

### ⇨ 핵능력 증강 정책 - 미, 소, 중 핵무기 경쟁

도널드 트럼프 대통령은 미국의 핵능력 증강을 촉구한다. 이는 핵무기 강화가 필요하다는 블라디미르 푸틴 대통령의 발언에 대한 반응이다. 앞으로 수 십 년에 걸친 양국의 핵무기 감축 기조가 뒤집어지고 새로운 군비 경쟁이 가열될 것으로 보인다. 트럼프는 핵에 대해서 전 세계가 정신을 차릴 때까지 미국은 핵능력을 강화하고 확대(strengthen and expand)해야 한다고 말했다.

**러시아와 미국은 냉전시대 억제 전략인 상호 확증파괴(MAD·핵무기 경쟁으로는 누가 공격해도 보복당하면 공멸할 수 있어 공포의 균형이 맞춰진다는 의미)에 따라 생산하고, 유지해온 핵무기 규모와 강도를 처음에는 제한하고 이후 감축하는 작업을 수 십 년 간 진행해왔다. 공화, 민주당 대통령들은 모두 이를 따랐다.**

**그러나 이 같은 핵 경쟁억제의 기조는 트럼프와 푸틴의 핵전력 발언으로 볼 때, 송두리째 흔들리기 시작했다.** 트럼프에 앞서 푸틴 대통령은 러시아의 핵무기에 대해 강경 발언을 내놓으면서 러시아는 전 세계에서 가장 강한 국가이지만 안심이 되지 않는다고 말했다.

러시아는 유럽에 구축되는 미국의 핵미사일 방어망(MD)을 의식한 듯 전략 핵전력의 군사적 잠재력을 증강할 필요가 있다며 기존의 그리고 장래의 미사일 방어 시스템을 확실하게 뚫을 수 있는 미사일이 중요하다고 강조하고 있다.

트럼프도 불안정한 불량정권의 핵 확산 위협과 예방의 중요성을 언급하면서 힘을 통해 평화를 추구하는 확실한 길은 우리의 억제력을 개선시키는 방법밖에 없다고 말했다.

**미국은 5000기에 조금 못 미치는 핵탄두를 보유중이며 배치된 전략핵탄두는 1550여기이다(주1). 러시아는 미국보다 400여기 더 많은 핵탄두를 갖고 있다. 하지만 미국은 핵탄두 운반 시스템을 170여개 더 많이 보유중이다.**

지난 2010년 서명된 신전략무기감축 협정(New Start) 하에서 미국과 러시아는 2018년 2월까지 실전 배치 핵탄두 수를 1550기로 줄여야 한다. 양국은 이 목표를 충족시킬 것으로 전망한다.

또 조지 HW 부시 대통령 이후 미국은 신형 핵탄두를 개발하지 않았다. 버락 오바마 행정부에서는 군사력으로서 핵탄두를 추구하지 않았다.

비용도 고려해야 한다. 미군은 핵전력 삼위일체(Nuclear Triad)를 개선하는 초기 단계에 있다. **삼위일체는 전략핵 폭격기, 대륙간 탄도미사일(ICBM), 그리고 잠수함발사 탄도미사일(SLBM)이다.**

지난해 미 국방부는 사용기간을 넘어 보수된 무기들을 교체하기 위해서는 2021년부터 15년 간 매년 평균 180억 달러(약 21조6486억원)를 지출해야 한다고 추산했다.

비용이 훨씬 많이 든다는 분석도 있다. 노후화된 무기의 현대화에는 30년 동안 1조 달러(약 1202조원)가 들 것으로 추산한다[미국 비정부기구 군축협회 Arms Control Association].

핵무기 억제의 원칙은 국가 안보의 필수 요소이다. 그래서 핵무기를 추가 감축하려는 오바마 행정부의 노력은 희망 사항일 수 있다. 러시아가 대규모 핵무기 현대화 계획을 진행 중이며, 다수의 감축협약을 위반했다는 사실이다.

이미 핵 군비 경쟁이 진행 중이다. 미국은 참여하고 있지 않지만 러시아와 중국은 군비경쟁에 나서고 있다. 그래서 트럼프 행정부는 핵무기 프로그램에 보다 많은 비용을 투자할 것을 촉구하고 있다. 또 **미국은 작동하지 않는 핵확산방지조약(NPT)에서 탈퇴해야 하며, 1992년이 마지막이었던 핵실험 재개를 고려해야 한다고 말하고 있다**[비확산 문제 연구기관 군축협회(ACA)의 대릴 킴볼 대표 / 서울=뉴스1 최종일 기자, 2016.12.23.].

### ⇒ 뉴 스타트 협정 개정 - 핵무기 강화

트럼프 미국 대통령은 핵 경쟁에서 미국은 세계 최고의 자리를 지키기 위해 핵무기 감축을 골자로 한 미국과 러시아 간 뉴 스타트(New START) 협정을 개정할 것이라고 밝혔다[워싱턴=연합뉴스, 신지홍 특파원, 2017.2.24.].

어떤 나라도 핵무기를 갖지 않는 꿈이 실현된다면 멋진 일이지만 그러나 국가들이 핵무기를 갖는다면 우리가 그중 최고가 될 것이라고 말했다.

또 트럼프는 자신도 아무도 핵무기를 갖지 않는 것을 보고 싶은 사람 가운데 첫째 사람이지만 미국은 비록 우호적 국가라 하더라도 핵무기 경쟁에서 절대 뒤지지 않을 것이며 핵전력에서 절대 뒤지지 않겠다고 강조했다.

특히 트럼프 대통령은 뉴 스타트 협정에 대해 그게 스타트이든, 이란 핵 협정이든, 미국이 맺은 또 다른 나쁜 협정이라고 생각하며, 트럼프 정부는 좋은 협정을 맺기 시작할 것이라며 개정 의지를 분명히 했다.

**블라디미르 푸틴 러시아 대통령에 이어 트럼프 대통령도 핵 능력을 강화하겠다는 의지를 명확히 함에 따라 미, 러시아 양국 간 핵무기 경쟁이 재 점화될 가능성이 높아졌다.** 푸틴 대통령은 2016년 12월 미사일 방어망을 무력화할 만큼 러시아의 핵 능력을 지속해서 향상하겠다고 말한 바 있다.

도널드 트럼프 미국 대통령이 자국의 핵무기 경쟁력이 약화됐다며 더 많은 재원을 이를 위해 투입하겠다고 밝혔다. 트럼프가 이렇게 말한 배경에는 러시아보다 적은 핵탄두 숫자만 보고 있는 것이다. **러시아는 현재 미국보다 200개 이상의 핵탄두를 더 보유하고 있다.** 그러나 양국은 2010년 '뉴 스타트' 협정에 따라 보유 핵탄두 수를 내년 2월까지 1550개 이내로 줄이기로 했다. 이행된다면 양국의 핵탄두 숫자는 수 십 년 새 가장 적어진다[이데일리 김형욱 기자, 2017.2.25.].

게다가 트럼프가 주장한 숫자보다는 이미 보유한 핵무기와 시스템과의 연계를 강화하는 현대화 작업이 더 중요하다. **전문가들은 핵탄두의 숫자보다 중요한 핵탄두의 이동 방식에서 미국이 절대적으로 우세(unrivaled)하다고 본다는 점이다.**

러시아도 대륙간탄도미사일(ICBM)은 이미 미국이 모두 파악하고 있으며 파악 범위 외의 핵잠수함은 불완전해서 제 역할을 못하고 있다. 이 때문에 설령 러시아가 핵탄두를 줄이는 뉴 스타트 협정을 파기하더라도 핵무기의 질적인 면에서 미국을 앞설 순 없다는 것이다.

오히려 미국의 핵무기 현대화 프로그램에 이미 너무 큰 비용이 들어가고 있음을 우려한다. **미 국방성은 30년 동안 1조 달러를 투입해 새 핵잠수함, 미사일로 기존 무기를 대체하려 하는 프로젝트를 추진 중이다.**

06

# 트럼프 - 푸틴 - 유럽극우파 - 백인중심민족주의

## ⇨ 러시아 관계 재설정

러시아에 대한 제재를 5년 연장하는 법안이 미국 하원을 통과해 상원 외교위원회에 회부됐으나 밥 코커 상원 외교위원장은 의원들이 이를 다룰 시간이 없다며 처리를 미루고 있다. 현재 대 러시아 제재는 버락 오바마 대통령이 대통령령으로 부과한 것이기 때문에 도널드 트럼프 대통령이 취임하면 러시아와 우호 관계 회복을 위해 대통령령으로 언제든 취소할 수 있다.

하원이 '우크라이나 안정과 민주주의 증진법'의 입법을 통해 대러 제재 연장을 입법화하려는 것은 이런 가능성을 염두에 둔 것이다.

미국 정부와 의회 안팎의 전통적인 국가안보 · 외교 엘리트층에선 대러 강경론이 주류이고, 전통적인 공화당은 민주당보다 매파적이어서 버락 오바마 행정부가 대러 제재에 미온적이라고 줄곧 비판해왔다.

이러한 전통과 역행해 트럼프가 대선에서 처음 블라디미르 푸틴 러시아 대통령을 찬양하면서 러시아와 우호관계를 주장할 때는 뜬금없는 것처럼 비쳤지만, 결국, 소규모이지만 능동적인 지지층을 불러 모으는 '개호각'(사람들에겐 들리지 않고 개만 들을 수 있는 초음파를 내는 호각)이었다.

### ⇒ 백인중심 민족주의 – 대러시아 관계

서구 문명에서 백인의 특권적 지위를 고수하고 "**반기독교적인 타락**" **에 맞서 싸울 것을 주장**하는 단체인 **미국의 전통노동자당의 창설자 매슈 하임바하**는 러시아는 우리에게 최대의 감화력이며 푸틴 대통령은 자유세계의 지도자라며 푸틴을 이상적 통치자로 그렸다.

**미국과 유럽에서 마침내 뿌리 내린 백인중심주의자, 민족주의자, 대중주의자, 신나치주의자들이 푸틴을 일종의 백기사, 즉 "이슬람, 이민자, 그리고 근본 없는 사해 동포주의적 엘리트들의 위협에 둘러싸인 세계에서 힘, 순수 순결성, 전통적 기독교 가치관을 상징하는 인물로 숭앙하고 있다.**

러시아를 우리의 문지기, 동쪽 끝의 전초기지로 생각해왔다고 **백인우월주의단체 KKK 변호인 출신인 샘 딕슨**은 말한다. 러시아는 우리 조국에 대한 동방의 침략을 막는 울타리, 기독교도의 위대한 보호자이며, **러시아인들은 이 세상에서 가장 강한 백인들이다.**

푸틴에 매료되거나 그를 흠모하는 현상은 먼저 유럽에서 시작돼 대서양 건너 미국으로 확산한 후 양 대륙의 유사 집단들 간 유대를 통해 확산됐다. **서방에 대한 러시아의 더 큰 영향력은 미국과 유럽의 극단적인 우익집단들을 조직하고 활성화하는 데 있다.**

푸틴은 자신이 3선 대통령 도전에 나선 2012년부터 러시아를 군사강국으로서 뿐 아니라 전통적 가치관이 침식당하는 데 불만을 가진 세계인들의 "문명 모델"로 포장하기 시작했다.

이후 푸틴은 **동성애자 권리 활동가를 비롯해 다른 '도덕적 타락' 세력과 싸우는 사람들을 위한 옹호자로서 세계의 보수 집단이나 민족주의 집단에 손을 뻗쳐왔다.**

러시아는 서방의 대안 우파들에게 정신적 후원에 그치지 않고 재정지원도 하고 있다. 지금까지 명백히 입증된 사례는 프랑스 국민전선(NF)이 러시아 은행들로부터 1천100만 달러(129억 원) 이상의 융자를 받은 것 하나이지만 헝가리의 신나치당을 비롯해 여러 단체가 러시아로부터 자금 지원을 받고 있다는 것이다.

러시아는 기존의 좌우 정당들의 전통적인 엘리트층이 세계화와 나토, 유럽연합(EU) 같은 초국가적 기구들을 지지하고 있는 만큼 이들을 갈아치워야 한다는 극우 단체들의 주장에도 동조하고 있다.

정작 푸틴 본인은 백인우월주의 이념을 주장하지 않고, 러시아는 다양한 종교와 인종을 가진 나라임을 거듭 강조하고 있다. 러시아 내 백인우월주의 선동자들을 투옥하기도 했다.

**사실, 푸틴의 목적은 순수 이념적인 게 아니다. 유럽과 나토를 흔드는 전략이거나, EU의 대러시아 제재를 철회시키려는 것이 최후 목적이다. 푸틴의 이러한 실용주의적 속내, 또 강성 우파 집단들 간 푸틴 수용도의 차이에도 불구하고 푸틴은 여전히 백인 인종의 수호자, 비정상적 세계의 정상적 지도자로 인식되고 있다**[서울=연합뉴스 윤동영 기자, 2016.12.05.].

07

# 미국 사회 – 백인 우월주의 – 이슬람 배척, 불법이민자 추방

미국이 트럼프 대통령을 맞으면서부터 극심한 분열에 빠져들고 있다. 트럼프는 우리의 대통령이 아니라며 미국 주요 도시에서 트럼프를 반대하는 시위가 번지는 가운데 백인우월주의가 곳곳에서 기승을 떨치고 있다.

여러 학교에서는 **미국을 다시 하얗게**(Make America White Again)**이라는 낙서와 나치문양**(**하켄크로이츠** Hakenkreuz)**이 동시에 발견됐다. 미국을 다시 하얗게는 미국을 다시 위대하게라는 트럼프 당선인의 선거 구호를 미국을 백인의 세상으로 만들자는 내용으로 바꾼 것이다.**

공원 담벼락에 나치문양이 발견되고 전국 곳곳에서는 **아프리카로 돌아가라, 오직 백인만, 트럼프와 함께 백인의 미국**이라는 문구도 나오고 있는 판이다.

대학에서는 다른 인종 학생을 위협하는 전단이 발견되기도 했다. **전단에는 트럼프가 대통령에 당선되고 공화당이 상·하원을 석권한 지금이 누군가를 흠씬 패줄 자경단을 조직해야 할 때이라고 실려 있다.** 말도 안 되는 다양성을 지껄여 온 일탈적인 대학 지도자들을 검거해 고문하자는 내용이 담겼다.

미국 내 무슬림을 공격하는 사례가 빈발하는 상황에서 몇몇 대학에서 여대생의 히잡을 벗기려는 시도도 있다. 트럼프 지지자가 칼로 무슬림 여대생을 위협한다는 제보도 돌고 있다.

대선 후 벌어진 **연쇄 인종차별적인 행동, 낙서, 범죄가 트럼프의 당선과 연계됐다**고 본다. 그러나 트럼프 당선인은 이런 불안이 조장된 것으로 본다.

최근의 인종차별적 공격은 최초의 흑인 대통령인 버락 오바마 대통령 집권 기간 인종 증오 성향을 숨겨온 이들의 반발로 보인다. 트럼프의 당선으로 이제 내놓고 남을 경멸해도 안전하다고 느끼는 분위기이다[로스앤젤레스=연합뉴스, 장현구 특파원, 2016.11.13.].

트럼프는 통합을 강조한 선거 승리 연설로 안도했지만, 불법 이민자를 막기 위해 미국과 멕시코 국경에 장벽을 세우겠다는 공약을 서둘러 실행하지 않으면 지지자들이 분노해 마음에 들지 않는 사람들에게 화풀이하는 두려움을 느끼고 있다.

트럼프의 승리는 백인우월주의자의 시각을 정당화했다. 무슬림 사상 검증, 불법 이민자 강제 추방을 주장하고 멕시코 출신 이민자를 비하하며 백인이 지지하는 세상으로 돌변했다. 트럼프의 선동이 백인에게 적지 않은 영향을 끼친 것이다.

### ⇒ 미국의 우경향성 강화

**미국은 역사적으로 유권자들이 위기 시 좌측이 아닌 우측으로 기울어지는 모습을 보여 왔다. 지난 1870년부터 2014년까지 금융위기가 발생하면 극우정당의 득표율이 약 30% 높아지는 현상이 나타났다.**

이는 위기 이후 유권자들이 극우정당들의 정치적 수사를 매력적으로 느낀다는 것을 의미한다. 특히 소수자들이나 외국인들에 화살을 돌리는 모습으로 이들은 불만을 표출했다.

**최근 대표적인 예로는 브렉시트, 트럼프 당선을 들 수 있다.** 이는 '필연적인' 결과일 수 있다. **특히 최근 프랑스의 극우정당인 국민전선이 선전하고 있는 점도 이와 일맥상통한다고 볼 수 있다.**

모든 책임을 국내에 있는 이민자에게 돌리는 경향이 있다. 이는 국내 금융 시스템의 문제점을 찾아내는 것보다 훨씬 '쉬운 방법'이기 때문이다.

극우정당이 집권하면 정부가 무능해질 가능성이 크다. 이들이 집권을 하게 되면 위기의 해법을 찾는 것이 아니라 책임 전가 대상을 찾아 정치적 교착상태에 빠질 가능성이 크다. 결국 정치적 불확실성이 증대돼 경기 회복은 둔화될 수 있다. 따라서 금융위기를 예방하는 것이 정치적 재앙을 막는 가장 좋은 방법이다[뉴스1, 2016.11.24./존 F. 케네디연구소의 마누엘 펀케].

## ⇒ 미국 보수의 분열

미국은 민주당과 공화당의 양대 정당이 사실상 대선을 통해 대통령을 경정하고 있는 나라이다. **민주당은 미국 정치의 진보진영을 대표하고 공화당은 보수진영을 대표하는 정당이다. 양 정당의 이념은 시대를 거치며 시대변화를 반영하며 미국 정치역사를 새롭게 쓰고 있다.**

그러나 이 번 대선과정에선 특히 공화당에서 미국 정치의 색다른 변화 모습을 보이고 있다. 미국 공화당에서는 대통령 자리에 오른 도널드 트럼프와 그에 대한 공화당 주류가 보여주는 분열의 패턴들이다[워싱턴=박종현 특파원, 세계일보, 2016.5.8].

**트럼프의 등장으로 공화당의 권력 지형도는 기존 하원의장과 상원 원내대표의 양 강 체제에 트럼프가 힘을 나누는 구조이다.** 하원의장은 공화당 서열 1위로 우리로 말하면 국회의장과 당 대표의 역할을 겸임하는 정도의 힘을 지니고 있다. 상원의장을 민주당 출신의 부통령이 겸임하는 것을 고려하면 공화당 입장에서는 상원 원내대표도 하원의장과 거의 비등한 힘을 지니고 있다고 할 수 있다.

결국 공화당의 현재 권력지형도는 폴 라이언 하원의장과 미치 매코넬 상원 원내대표, 트럼프 대통령에게 분산되는 구조다. 이들은 대통합 정신으로 연합해야 하지만 상황은 간단치가 않다. 불확실한 상황의 핵심 고리엔 트럼프가 있다. 잦은 말 바꾸기와 막말로 그가 전통 공화당의 가치에 어긋나는 행보를 보여 왔기 때문이다. 대통령 자리를 올라있지만 그에 대한 다수의 일반시민과 일부 정치인의 신뢰는 거의 바닥수준이다.

그렇다면 양측의 근본적 갈등을 유발한 두 사람의 차이는 무엇일까. 올해 **46세의 라이언 의장**은 지난해 위기에 빠진 공화당을 구하기 위해 전격 투입된 40대 의장이다. 반 트럼프 연대의 선봉에 섰던 2012년 공화당 대선주자였던 밋 롬니 매사추세츠 전 주지사의 부통령 러닝메이트였을 정도로 엘리트 정치인의 길을 걸어왔다.

**보수주의 가치를 신봉**하면서도 그는 유연한 입장을 보여 왔다. 2013년 공화당 강경파들이 연방정부 셧다운(부분 업무정지)을 희생양삼아 **오바마 케어(건강보험개혁법) 폐지**를 둘러싼 예산안 다툼을 벌일 강경파와 민주당을 오가며 합의안을 도출했다.

가톨릭 신자인 그는 공화당이 태동한 위스콘신에서 나고 자란 정치인으로 **종교의 자유에 대한 신념**이 남다르다. 서류미비 이민자의 추방도 반대한다. 미국 언론이 어린 시절 패스트푸드 체인점에서 아르바이트를 한 유일한 유력정치인일 것이라며 주중엔 의사당 의원 실에서 간이침대에서 잠을 청하는 인물이라고 호감을 드러낼 정도다.

트럼프 대통령은 집권초기부터 무슬림 입국 반대와 1100만 명으로 추정되는 **서류미비 이민자(불법체류자)** 추방에 적극 나서고 있다. **멕시코 장벽 설치와 무역보복, 동맹파기** 등도 거침없이 착수하고 있다.

이는 **공화당의 보수적 정강인 시장경제, 강한 군대, 작은 정부, 자유무역의 원칙과는 터무니없이 차이를 드러내는 주장들이다.** 현재의 권력의 축인 라이언 의장이 가진 영향력에 비하면 크지 않지만, 아버지와 아들 부시 대통령, 대통령 후보였던 밋 롬니 전 주지사, 대선 경선주자였던 린지 그램 상원의원 등도 지속적으로 트럼프에 대한 반대 의견을 표출하고 있다.

트럼프를 지지하는 정치인들도 반격하고 있다. 최소한 구태의연한 워싱턴 정치인들에게 비해서는 나을 것이며 미국에 변화를 가져올 것이라고 설명했다. 트럼프는 **시장경제와 강한 군대를 통해 가치를 실현**하자고 했던 로널드 전 레이건 대통령의 업적을 승계하겠다는 것이다. 1980**년 대선에서 44개주에서 승리하고, 이어 재출마한 1984년 선거에서 49개주에서 승리한 그의 기록은 모든 공화당 대선 경선후보들의 로망이었다**[워싱턴=박종현 특파원, 세계일보, 2016.5.8.].

08

# 트럼프 집권 시대의 세계 흐름

트럼프 집권기(2017-2020년)에는 지금까지 경험해 본 세계 경제 질서와는 상당히 다른 길을 갈 것이다. **트럼프 집권기의 미래 세계는 팍스 아메리카 즉 미국 주도 아래 유지돼 온 세계 평화의 관리에서 아메리카 퍼스트 즉 미국 우선주의의 시대가 열릴 것이다**[미국 우선주의와 고립주의 강화].

초강국인 미국이 국제 경찰의 역할을 강조하며 세계 질서를 재편해 왔던 임무와 의무에서 벗어나 먼저 자국을 위한 보호무역주의와 미국 우선주의로 나아갈 것이다. 이제 미국이 주도하는 시대 전환기를 맞아 각국의 대응은 당분간 혼란스러운 국제적 상황에 빠질 수 있다.

미국의 보호무역주의는 아메리카 퍼스트론이 세계에 미치는 파장은 상당히 클 것이다. 여기다 세계 시장을 주도해온 미국이 스스로 만들어 온 자유무역 규칙과 체계, 나아가 안보체계까지 깨뜨리게 되면 심각한 반작용이 나타날 수 있다.

그동안 비핵확산조약(NPT), 자유무역기구(WTO), 북대서양조약기구(NATO), 국제연합(유엔) 등 미국과 세계 주요국이 **그동안 만들어온 국제 안정체계를 미국 중심으로 재편하겠다는 것을 노골적으로 드러내면 세계정세는 급변 할 것이고 불안과 불확실성이 고조될 것이다.**

미국은 국방 외교 분야에서 전선을 급격하게 바꾸지 않을 것이지만 오바마 집권 때보다는 미국 우선주의에 밀려 국가 간 신뢰와 연대는 약해질 수밖에 없다. 국제기구가 존재하는 명분 역시 약해질 수 있다.

지금 민주주의는 위기라고 진단한 트럼프주의와 역의 반(反)유럽 정서가 세계의 독재자들에게 힘을 실어 줄 수 있다고 우려한다. 트럼프는 사기꾼이자 잠재적 독재자라고까지 비난한다[헤지펀드의 전설 조지 소로스의 트럼프 비판/ 서울=뉴스1 정혜민 기자, 2016.12.30.].

트럼프 당선은 미국 일반 유권자들이 민주주의와 자본주의 기득권에 환멸을 느껴 이러한 변화가 발생했다고 분석한다. 많은 사람들은 엘리트들이 자신들의 민주주의를 훔쳐갔다고 느낀다. 이것이 브렉시트, 트럼프 당선, 이탈리아 개헌 국민투표 부결의 원인이라고 진단한다.

세계적인 소득 불평등과 부의 재분배 실패가 기존 정치 시스템에 반감을 끌어냈다. 그러나 이런 추세는 러시아의 블라디미르 푸틴 대통령과 같은 독재 권력을 가진 지도자들이 자신의 권력을 강화하는 데 도움이 된다는 점을 경계해야 한다.

트럼프 당선 이후 미국이 세계의 민주주의를 지켜내고 촉진하는데 애를 먹게 될 수 있다고 우려한다. 유럽 지역의 부진한 경제성장 및 난민위기로 유럽연합(EU)의 운명을 걱정한다. 이 틈바구니를 이용해 푸틴이 유럽 지역 내에서 자신의 영향력을 확대할 수 있다.

현재까지 내정된 정부 인사들은 현실정치에 기반 한 미국의 군사개입주의를 주장하거나 자유무역에 반대한다. 공화당 매파들은 냉정한 군사정책을 촉구한다. 1992년 보스니아 사태 때 봉쇄정책이 아닌 군사개입을 통해 세르비아 공화국을 제압해야 한다고 주장한다. 북핵문제에 대해서도 북한에서 군사무기가 국외로 빠져나가지 못하도록 군사적으로 봉쇄할 것을 주장한다.

이라크 전쟁 발발 당시 미군 철수를 반대하며 미국의 적극적인 군사개입을 주장하거니 이란 핵협상도 반대해온 입장이다. 친 트럼프 인사들은 반(反)무슬림주의 전선에 공감하며 사우디아라비아 등 무슬림국가들을 실패한 독재자, 극단적인 지하 디스트(이슬람 성전주의)라고 말한다.

러시아와 미국의 관계도 테러단체 '이슬람국가'(IS) 문제 해결을 놓고 새로운 '데탕트'(미·소 협력)를 구축할 가능성이 높다. 트럼프는 푸틴의 능력을 칭찬해왔고 테러리스트 척결을 위해 러시아와 협력할 뜻을 보였다. 터키와 러시아 모두 새로운 협력관계가 구축될 가능성이 높다.

미국의 대(對)러시아 정책이 전환될 가능성은 남아있지만, 크리미아 합병 및 우크라이나 사태, 대(對)테러 작전을 놓고 그동안 협력해온 나토 회원 국가들이 미국에 대한 신뢰를 유보할 수도 있다.

나토 분담금 강화가 실제로 추진될 가능성이 크다. 기존 아시아태평양 일대의 안보체계도 무너질 공산이 크다. 미국은 조기에 한국 전시작전통제권을 한국에 반납할 수 있다. 중국이 남중국해에 이미 인공 섬을 건설했지만 미국은 뒤로 물러나고 일본이 알아서 하도록 할 것이다. 트럼프는 일본은 중국과의 전쟁에서 항상 이겨왔다고 말하고 있으며 중국이 머지않아 북한의 비핵화화 일본의 핵무장 중 하나를 선택해야 할 것이라 말한다.

09

# 미국 우선주의 - 미국 패권주의

도널드 트럼프 미국 대통령이 미국 우선주의를 강력히 밀어붙이고 있다. 그는 1월 20일 취임 후 보름간 미국 우선주의에 기초한 강력한 정책 의지를 담은 행정명령과 대통령 각서 등을 잇달아 쏟아냈다[서울=연합뉴스, 김아람 기자, 2017.2.3.].

**세계화를 주도한 자유무역 기조를 거꾸로 돌리는 반세계화와 이민자가 일군 나라라는 정체성을 무색케 하는 초강경 반 이민정책, 우방에도 가차 없는 환율 공격 등으로 세계는 충격에 휩싸였다.** 트럼프 대통령은 대선 후보 시 공약했던 것을 무역 분야에서 먼저 포문을 열었다. 취임 직후 그는 **다자간 무역협정인 환태평양경제동반자협정(TPP) 탈퇴를 행정명령 서명으로 공식화하고, 북미자유무역협정(NAFTA)도 미국 이익에 맞는 방향으로 재협상하겠다고 선언했다.**

**다자간 무역협정 대신 양자협정 위주로 협상을 진행하면서 미국의 이익을 철저하게 관철하겠다는 의지를 표현했다.** NAFTA 대상국인 캐나다, 멕시코와 일본, 호주, 칠레 등 11개 TPP 회원국은 각자 황급히 대책 마련에 나섰다.

TPP 회원국들은 미국 없이 그대로 TPP를 밀어붙이거나 중국 등 다른 경제 대국을 포함하는 방안, 또는 아예 양자나 새로운 다자 협정을 추진하는 방안 등을 논의하고 있다.

무역협정으로 세계를 흔든 트럼프 대통령은 전선을 환율로 옮겨갔다. 중국과 일본은 수년간 시장을 조작했고 미국은 얼간이처럼 이를 지켜보고 있었다. **트럼프는 중국, 일본, 독일을 환율조작국이라고 맹비난했다. 독일은 유로화 가치를 큰 폭으로 절하해 미국과 유럽연합 회원국을 착취하고 있다고 주장한다.**

지금까지 트럼프 대통령이 강력히 밀어 붙이는 것을 볼 때, 세 나라를 환율조작국으로 지정할 수 있다고 본다. 그러나 세 나라는 즉각 사실과 다르다며 적극적으로 반박하고 나섰다. 일본은 고용창출 등 선물 꾸러미를 제시하는 방안도 내놓고 있다.

무역과 환율 이슈에서 한국도 자유롭지 못하다. NAFTA 재협상 등이 한미 FTA 재협상으로 이어질 수 있고 한국 역시 중국, 일본, 독일 등과 더불어 환율 관찰대상국으로 지정될 수 있기 때문이다.

TPP 탈퇴 등으로 각국에 혼란과 충격을 가져온 트럼프 대통령은 이어서 멕시코 국경 장벽 건설 구상을 실행에 옮겼고, 반 이민 행정명령에도 서명하며 본격적으로 빗장 걸어 잠그고 있다.

트럼프 대통령의 반 이민 행정명령은 이라크, 시리아, 이란, 수단, 소말리아, 리비아, 예멘 등 **7개 이슬람권 국가 국민**의 미국 비자발급과 입국을 최소 90일간 금지하고, 난민 입국 프로그램을 120일간 중단한다.

행정명령 이후 일부 항공사에서 미국행 항공편 발권이 중단되는가 하면 뉴욕 JFK 국제공항 등에서는 난민 등이 억류되는 사태가 발생하는 등 극심한 혼란이 발생했다.

**최근 트럼프 미국 대통령이 보여주고 있는 일련의 미국 우선주의적인 정책은 슈퍼 대국인 미국만이 할 수 있는 유일무이한 행동양식으로서 세계를 휘두르는 패권적인 양상을 보이고 있다.**

10

# 미국 및 세계경제 – 트럼프 시대 전망

전문가들은 2017년 이후 트럼프 집권 기간 동안 세계 경기 전망을 긍정적인 시선으로 바라보고 있다. 그러나 그의 행보가 중요한 변수가 될 것이다. 세계경제는 수년 만에 처음으로 경제성장률이 후퇴하지 않을 것이다. IMF는 **올해와 내년 세계 경제 성장률 전망치를 각각** 3.4%, 3.6%**로 제시한다**.

미국 경제도 세제 개혁과 경기 부양 덕택으로 성장하지만 부정적인 효과를 낼 수 있는 통상 정책의 영향을 받는다면 불확실한 상황이 될 수도 있다. 트럼프 행정부의 보호무역주의가 미 경제 성장의 변수가 될 것이다.

최악의 경우 올해 트럼프 행정부 출범과 브렉시트의 영향으로 세계적으로 감세, 통상, 금융 규제 등에서 치열한 경쟁이 벌어질 수 있다.

특히 미국의 보호무역주의 정책으로 중국과 통상 마찰이 가장 중요한 요인일 것이다. 미국이 보호무역주의를 고수하면서 중국이 글로벌 통상을 지배토록 하진 않겠지만 자유무역이 훼손당하는 걸 놔두지는 않을 것으로 예상한다.

**미국이 전 세계에서 정부부채가 가장 많은 나라이고 미국인들이 소비하는 상품들이 외국에서 수입되는 것도 주목해야 한다. 그러기에 중국이 미국의 통상 파트너일 뿐 아니라 일본에 이어 두 번째 채권국이다.**

**또한 미국경제가 달러 강세와 금리 인상이 동시에 일어나면 막대한 재정적자가 초래되는 악순환에 빠질 수 있다는 것도 미국에만 그치는 것이 아니라 세계에 부정적으로 파급된다는 사실이다.**

### ⇨ 장기 고성장(1)

도널드 트럼프 집권 이후 미국 경제는 새로운 성장시대를 열 것이다. **미국 경제성장률은 현재 수준에서 두 배로 뛸 수 있다고 예측한다. 트럼프는 주요 업종 전반에 걸친 규제 완화, 개인세 및 법인세 감면, 거대한 공공 인프라 투자(최소 1조 달러 규모)를 제시한 바에 기초하면 고도성장이 가능하다는 예측이다.**

트럼프의 정책 조합은 생산성 향상과 잠재 경제성장률 상승에 다시 점화시킬 것이다. 트럼프 정책은 당장 체감할 수는 효과를 나타내면서도 트럼프 어젠다 효과가 순간적으로 폭발하면 미국 경제의 게임 체인저가 될 것이란 전망이다.

**미국 경제성장은 2017년 2.4%, 2018년 3.6%로 뛰어오를 것이다. 버락 오바마 대통령 재임 중 미국 연간 경제성장률은 평균 1.6%였다. 경제성장률이 3%를 넘지 못하는 것은 허버트 후버 대통령 이후 처음 올리는 기록을 보일 것이다. 미국의 고성장은 세계 경제에 보탬이 될 것이며 세계 경제성장률은 현재 3% 수준에서 올해 3.4%로 상승할 것을 내다본다.**

트럼프 경제에서 주목할 점은 제로 금리 및 화폐 증발로 대표되는 공격적 통화정책에서 탈피해 재정정책으로 전환한 것으로 관측된다. 관심이 월스트리트 금융을 벗어나 메인스트리트(실물 경제)로 이동할 것이다.

**국내외 시장은 앞으로 2년 동안 미국 실질 경제성장률이 두 배가 될 것이며 증시의 밸류에이션, 달러 가치가 추가로 크게 상승할 것이다**[서울=뉴스1 정혜민 기자, 2017.1.10.].

**하지만 트럼프 아젠다에 하방 위험도 있다. 바로 트럼프의 패권주의적인 자국 우선주의가 낳은 정책이 지정학적 위험 확대, 중국의 불안정, 교역 전쟁, 연방준비제도의 금리인상 가속화, 신흥국 위기 등이 세계경제에 부정적으로 역습할 수 있다는 점이다.**

### ⇨ 장기성장 전망(2)

백악관은 **향후 10년 간 미국의 상품과 서비스 등 GDP 성장률이 3~3.5%에 달할 것으로 전망했다.** 인플레이션을 감안한 **미국의 GDP 성장**

**률은** 3.2%에 달할 것으로 추정했다. **미국 의회 예산처(CBO)는 2021~2027년의 연간 경제성장률 전망치를** 1.9%**로, 연방준비제도(Fed, 연준)는 장기 성장률을** 1.8%로 추산하고 있다[트럼프 대통령의 경제팀 전망 / 서울=뉴시스, 박상주 기자, 2017.2.18./ 월스트리트저널WSJ].

트럼프 경제팀의 예상치는 **지난 10년간 평균 2% 정도에 달했던 미국의 경제 성장**에 비해 높은 추정치다. 그러나 미국 경제학자들은 생산성의 급증과 미 노동력 증가 속도의 개선 등 몇 가지 전망의 변화 없이는 트럼프 경제팀의 전망은 달성하기 어려울 것으로 보고 있다.

**미국의 노동력 생산성은 2010년 이후로 연간 0.7% 성장해왔다. 이는 1990년대 후반~2000년대 초 3%를 넘어섰던 수준에 비하면 크게 떨어진 수준이다.**

일반적으로 다른 정권에서도 백악관은 대부분 시장이나 다른 기관의 경제 성장률 전망치보다 높게 내놓지만 이번 트럼프 행정부의 경우는 그 폭이 너무 크다고 보고 있다.

경제예측 전문가인 하버드대학의 데일 조르겐슨 교수는 3% 성장을 달성하는 것은 매우 어렵다. 이런 숫자가 어디서 나온 것인지 모르겠다고 비판했다. **조르겐슨 교수는 앞으로 10년간 미 GDP가 1.8% 성장할 것으로 예측하고 있다. 그는 노동력의 고령화로 노동력이 부족한데다가 노동자 교육이 정체돼 숙련도가 더 발달하지 않기 때문에 경제성장에 한계가 있다고 지적하고 있다.** 다만 조르겐슨 교수는 세제개편 안 같은 주요한 정책 변화를 통해 **성장률을 2.4%로 끌어올릴 수 있다고 내다봤다.**

트럼프 경제팀은 **규제 완화와 세제 개편 등이 생산성을 회복**시킬 것으로 기대하고 있다. 이들은 또 투자를 이끌어내기 위해서는 **이자율을 더 낮춰야 한다**고 여기고 있다. 트럼프 경제팀의 **예측대로 성장률이 높아진다면 GDP 대비 재정적자가 빠르게 낮아질 수도 있다.**

하지만 재정적자 감축을 지지하는 전문가들은 **군비 지출을 늘리면서도 세금을 감축하는 트럼프의 정책은 재정적자를 더 늘릴 것 같다고 예상했다.** 장밋빛 경제 성장 시나리오는 앞으로 몇 년간 수조 달러를 더 차입하게 할 위험이 있다. 하지만 성장률이 기대대로 되지 않는다면 재정에 타격을 줄 것으로 보인다.

### ⇨ 경제 성장(3)

트럼프 리스크에 금융시장이 민감하게 반응했다. 실물경제에 미칠 악영향도 커지고 있다. 금융시장 안정은 실물경제 성장을 위한 기초인데 당장 채권금리가 단기 급등하자, 가계와 기업 등이 촉각을 곤두세웠다. 트럼프의 보호무역주의도 세계 경제를 둔화시킬 수 있다.

**트럼프의 경제정책 공약이 완전하게 이행할 경우 내년 미국의 경제성장률은 3.7%로 올해(1.8%)보다 2%포인트 가까이 급등하겠지만 2018년에는 0.6%로 급락할 수 있다고 점친다. 이를 전제로 할 때 향후 10년간 미국의 경제성장률은 연 평균 1.4%에 그칠 것으로 예측한다.**

만약 공약을 제한적으로 이행할 경우, 2017년 성장률은 2.8%로 좀 낮지만, 2016년에는 0.8%로 오히려 높이 성장할 것이다. 향후 10년 장기 전망도 1.7%로 더 높이 성장할 것이다. 이는 트럼프가 자신의 공약을 적극 이행할수록 '반짝 성장'은 가능하겠지만, 중장기적으로는 둔화 압력이 불가피하다는 뜻한다.

트럼프 대통령이 **대규모 인프라 투자와 감세 같은 재정정책에다 보호무역까지 강화하면 단기적으로 미국 실물경제는 일부 긍정적일 수 있겠지만, 장기적으로는 세계 교역이 위축되는 부정적인 영향을 받을 것이다.**

**특히 구축효과**(crowding-out effect)**의 우려다**[주1]**. 트럼프가 인프라 투자를 확대해도 경기 회복으로 이어지지 않고 중장기 성장에도 도움을 주지 못하면 정부부채만 늘릴 수 있다는 것이다.**

**미국의 정책방향이 불확실하고 국제금융시장의 변동성이 확대되면 기업은 투자를 미루고 가계는 소비를 줄이기 마련이다.**

**달러화 가치가 치솟는 것도 마냥 긍정적이지 않다.** 주요 6개국 통화 대비 미국 달러화 가치를 나타내는 달러인덱스는 13년여 만에 가장 높은 수준으로 올라가고 있다. 국제결제은행(BIS)은 이를 두고 자금 수요를 줄이는 동시에 위험자산 투자 저하를 반영한 것이라며 우려한다.

---

주1) 구축효과는 정부가 국채를 발행해 채권시장에 매각하는 식으로 재정정책 재원을 조달할 경우 채권금리는 오르게 되고, 이는 곧 기업 등의 자금 조달비용을 높여 투자 위축을 부른다는 의미다[김정남기자, 이데일리, 2016.11.17.].

보호무역도 주요 뇌관이다. 트럼프는 주요 교역 대상국인 중국과 멕시코에 각각 45%, 35%의 고율의 관세를 부과할 것이라고 공언했다. 정책당국자들은 거의 무역을 하지 말자는 얘기나 다름없는 수준이라고 평가한다. 미국의 대(對)중국과 대멕시코 교역비중(수출+수입)은 각각 15.9%, 14.3%로 매우 높다.

**트럼프를 시발점으로 세계가 '각자도생' 경제로 간다면 교역 위축은 불가피할 것이다. 이는 장기적으로 볼 때, 미국 경제에도 나쁘게 영향을 미친다.** 보호무역은 지금은 당장 눈에 보이지 않지만 2018년 이후 정도부터 그 부작용이 나타날 것으로 본다.

교역 위축은 곧 한국 경제에 직격탄이다. 우리나라는 중국 멕시코 외에 캐나다 독일 일본 영국 홍콩 등과 함께 대미 교역비중이 높은 국가다. 트럼프 발(發) 보호무역에 따른 '1차 충격에 세계 교역 위축에 따른 '2차 충격'까지 무방비로 노출돼 있는 것이다.

상황이 이렇게 돌아간다면 내년 한국경제가 걱정된다. **최악의 경우, 내년 한국 경제성장률은 1.5%에 그칠 수 있다. 트럼프 리스크를 고려하면 1% 중반 대까지 떨어질 수도 있다. 트럼프의 경제정책은 세계 교역에 부정적이기 때문에 수출 의존도가 높은 한국에게는 득보다 실이 더 많다.**

국제경제 상황도 한국에 비우호적이다. 트럼프 당선 이후 미국의 금융환경이 타이트해졌다. 달러 강세가 지속되고 국채 수익률이 급상승하며 미연준은 조만간 금리를 올릴 것이다.

**주요국 통화 바스켓 대비 달러의 가치를 반영하는 달러인덱스는 13년 반 만에 최고치에 다다랐다. 또한 미국 10년 만기 국채 수익률도 올들어 최고 수준으로 뛰어 올랐다. 금융환경이 긴축되면 자본 조달 비용이 상승한다. 이런 환경 속에서 연준이 금리를 인상하면 자본 조달 금리를 상승시킨다.**

**자본 조달 금리가 급등하면 경제 성장을 제동시킬 수 있다. 또한 달러가 글로벌 금융시장에서 강세를 띠면 특히 신흥국에 부정적인 충격을 가할 것이다. 특히 신흥국 경제들의 달러 표시 부채 상환 부담을 가중시킨다.** 더구나 미연준의 정책 금리 인상이 이뤄지면 미국 내외경제가 한바탕 소용돌이 칠 것이다[서울=뉴스1, 황윤정 기자, 2016.11.17.].

트럼프 대통령을 맞이해 금융시장도 양분화 되었다. 한편에서는 채권매도세에 나서 미국 10년물 국채 수익률이 크게 뛰어 오르는 동안, 다른 쪽에서는 정책 기대감이 반영되며 주식시장이 양호한 흐름을 지속하고 있다[서울=뉴스1, 황윤정 기자, 2016.11.17. ].

채권과 주식시장의 다이버전스는 도널드 트럼프 미국 대통령의 경제정책에서 비롯된 것이다. 채권시장은 인플레이션 상승 압력 고조와 연방준비제도의 정책 금리 인상 가능성에 움직이는 반면 주식시장에서는 경제 성장률 제고 등에 기대감을 반영하고 있다.

주식시장 참여자들이 국내총생산(GDP) 성장률이 높아질 것이라는 높은 기대감을 품고 있으며 인플레이션이 오버 슈팅되거나 연준이 경기 흐름을 쫓아가지 못하고 늑장 대응할 가능성은 없다.

**채권 투자자들은 트럼프의 재정 확대 정책과 보호무역주의 정책들이 인플레이션을 높일 것이고 이에 더해 연준이 금리 인상 사이클을 재개하게 되면 투자자들에게는 부정적인 영향이 미칠 것이라는 경계감이 높다.**

**주식 투자자들은 트럼프의 감세 및 규제 완화 정책에 대한 기대가 크다.** 이러한 정책들이 기업들의 이익 성장세를 촉진시키고 GDP성장률을 높일 것이라는 기대감이다. 기업 실적 개선 등 경제 전반의 활력이 제고되면 주가에 상방 압력이 가해질 것이다.

이에 주식과 채권 가격에서만 다이버전스가 나타나고 있는 것이 아니라 두 자산군의 변동성에서도 뚜렷한 차이에서도 드러내고 있다. 채권시장과는 달리 주식시장의 변동성이 크게 낮아져 투자자들의 지나친 안도감을 반영하고 있다는 것이다.

**지난 10년간 채권과 주식의 변동성은 동조화를 이루는 모습이었으나 대선 이후 탈동조화가 가속화됐다. 채권시장의 변동성을 나타내는 MOVE(Merrill Option Volatility Expectations) 지수는 지난 8일 18포인트 수준에서 현재 84포인트로 높아졌다. 반면 주식시장 변동성을 나타내는 CBOE 변동성지수(VIX)는 같은 기간 19포인트에서 13.7포인트로 낮아졌다.**

금융시장 참여자들이 자신의 투자 아이디어에 부합하는 트럼프의 공약들만 선별적으로 취하고 있다고 보며 대통령 트럼프 하에서 어떠한 상황이 펼쳐질지 예측하기 힘들고 정책 불확실성이 높기 때문에 주식과 채권시장에서 나타나는 움직임은 모두 나름의 현실성을 보여주고 있는 것이다.

### ⇨ 확대 재정지출과 감세정책의 수혜자들

재정지출을 통한 인프라 투자와 감세를 핵심으로 하는 도널드 트럼프 미국 대통령의 경제정책(트럼프노믹스) 수혜자는 누구일까. **트럼프 정부의 경기부양용 재정정책은 내수시장에 주력하는 기업일수록 트럼프노믹스의 혜택을 많이 보는 반면 해외시장에 비중이 큰 기업일수록 피해자가 될 가능성이 높다고 전망하고 있다**[김규환 선임기자, 서울신문, 2017.1.21.].

특히 스탠더드앤드푸어스(S&P)500 **상장기업 중 절반은 미국 시장의 연간 판매량을 예년보다 70% 이상 끌어올릴 것으로 보고 있다. 경기상승세가 뚜렷한 미국의 내수가 급속도로 살아날 것으로 기대된다는 이유다.**

이 덕분에 혜택을 입을 기업으로는 **스타벅스**, AT&T, **버라이즌**, **디즈니**, **컴캐스트**, **버크셔해서웨이** 등이 꼽혔다. **월마트와 아메리칸익스프레스**, UPS, **넷플릭스**도 순익이 대부분 미국과 연관돼 있다는 점을 들어 수혜를 볼 것으로 예측한다.

반면 해외시장에 대한 의존도가 높은 기업들은 트럼프가 연일 주장하는 관세가 무역전쟁에 불을 붙임으로써 피해자가 될 수 있다고 보고 있다.

매출의 60%를 해외에서 벌어들이고 있는 **보잉**이 대표적이다. **제너럴 일렉트릭**(GE), **코카콜라**, **맥도날드**, **나이키** 등도 미국 국내 시장보다 해외시장 비중이 더 큰 만큼 트럼프노믹스의 혜택을 받기 어려운 것으로 예상한다.

수익의 절반 이상을 해외시장에서 버는 **애플과 마이크로소프트**(MS), **페이스북**, **알파벳**, **인텔**, **오라클**, IBM **등 정보기술**(IT) **기업들**도 트럼프가 내수에 집중하는 만큼 달러가 강세를 보일 경우 피해를 볼 공산이 크다고 예측한다.

규제 완화를 외치는 트럼프에 대한 기대감으로 이 IT 기업들이 증시 상승을 견인하고 있지만 트럼프 관세에 각국 정부가 반발하면 IT 기업들의 해외 사업 자체가 난관에 봉착할 것이라는 우려가 적지 않다.

그러나 이러한 예측이 적중할 것이란 담보는 없다. 우선 트럼프가 추진하는 모든 정책이 의회를 통과할 것이란 확신이 서 있지 않기 때문이다[김규환 선임기자, 서울신문, 2017.1.21.].

11

# 트럼프 정부의 약 달러 정책이 얼마나 먹힐까?

도널드 트럼프 대통령의 매력 중 하나는 거침없이, 솔직하게 자신을 드러내는 어법이다. 미국 달러화에 대해서도 마찬가지 상황이 벌어지고 있다.

트럼프 대통령은 달러화가 너무 비싸게 평가되는 바람에 미국 경제가 죽고 있다고 주장한다. 그의 경제참모들도 잇달아 강(强)달러를 경계한다. 새 정부의 정책은 20년간 지속돼온 강 달러 정책에 마침표를 찍는다는 것이 그들의 속셈이다[이데일리 이정훈 기자, 2017.2.3.].

**일본, 중국, 독일 등 만성적인 흑자국가들은 미국의 달러화를 가치를 적정 가치 이상으로 높여 미국경제를 착취하고 있다.** 그러나 미국은 위안화 가치 하락을 막겠다고 야단이지만 그 이전 수년간 중국은 위안화 가치를 인위적으로 떨어뜨려 수출 기업을 도와 왔다. 독일 제조업체들도 유로화 약세 덕으로 금융위기와 유로 존 재정위기에도 불구하고 막대한 무역수지 흑자를 올리는 일등공신이 됐다.

미국은 경제의 원동력을 강화시키려할 경우 달러화 가치를 떨어뜨리는 게 가장 확실한 담보물이다. 이러한 논리는 미국인들에게 복지 혜택을 더 주기보다는 월급봉투를 넉넉하게 하는 경제논리에도 부합한다.

그러나 트럼프의 직설적인 어법은 외환시장에서도 고스란히 투영돼 효과가 나타났다. 트럼프 대통령과 나바로 위원장 발언 이후 달러화 가치는 곧바로 떨어져 지난해 11월초 이후 가장 낮은 수준까지 내려갔다.

하지만 **과거 역사를 돌이켜 볼 때 트럼프 대통령의 약(弱)달러 정책이 효과를 발휘할 수 있는지는 불확실하다. 환율정책의 효과는 시장 환경에 따라 결정되기 때문에 트럼프 정책당국의 의지대로 움직이지 않는다는 사실이다. 시간이 얼마나 걸릴지는 모르지만 언젠가는 시장에 짓눌리기 마련이다.** 휘두르고 있는 미국 정책에 따른 환율 조정 과정에서  중국, 일본, 독일, 한국 중 특히 한국에게는 상당한 부작용이 남을 수 있다.

**주요 교역상대국 통화대비 달러화 가치를 보여주는 달러인덱스는 2002년부터 2011년까지 거의 25%나 추락했다. 지난 2001년 세계무역기구(WTO)에 가입한 중국은 이후에도 계속 인위적으로 위안화 가치를 낮게 유지하도록 시장에 개입했다. 그러나 이 기간 중 달러화 가치는 오르지 않고 오히려 더 떨어졌다. 위안화에 대해서는 강했지만 다른 통화에 비해 그보다 훨씬 더 약했기 때문이다.**

만약 중국의 위안화 절하 정책으로 공장들이 중국으로 가고 미국인들이 일자리를 잃었다면 반대로 미국은 다른 나라에게서 그보다 더 많은 공장과 일자리를 빼앗아 왔어야 했다. 하지만 **2001년 12월부터 2008년 4월까지 교역가중치를 반영한 달러화 실질가치는 24%나 떨어졌지만 미국 제조업 일자리는 오히려 210만개나 사라졌다. 결론적으로 말하면 통화가치는 미국 내 제조업 공장이나 일자리에 결정적 영향을 주는 중대한 변수가 아니었다는 역사적 사례가 보여주고 있는 것이다.**

또한 유로화 가치가 너무 높아 고생했던 이탈리아를 봐도 지난해 대미(對美) 무역수지가 260억 달러 흑자였다. 경제규모가 독일의 절반도 안 되는 데 다 유로화 고평가 부담을 느꼈던 이탈리아를 감안하면 독일이 거둔 600억 달러의 대미 무역흑자가 그다지 커 보이지 않는다는 사실이다.

**더구나 트럼프 대통령의 약 달러 정책추구는 그 자신의 다른 정책과도 충돌을 일으킬 수 있다. 재정지출을 늘리고 인프라 투자를 확대하고 법인세 등까지 낮춰 돈을 더 풀겠다는 트럼프노믹스는 궁극적으로 인플레이션을 야기할 수밖에 없고 이는 달러화의 강세요인이 될 수 있다는 점이다.**

**신고립주의를 표방하는 보호무역주의 기조도 달러화 가치를 끌어올리는 요인이 될 수 있다.** 멕시코에 대한 보복관세 압박과 북미자유무역협정(NAFTA) 재협상 추진으로 페소화 가치가 사상 최저까지 떨어졌고 또 다른 타깃인 중국 위안화 가치도 계속 하락하고 있으니 달러화는 상대적으로 뛰어 오를 수밖에 없다. 또 **수입보다 수출을 강조하는 정책도 무역수지를 개선시켜 달러화를 강하게 만들 수 있다.**

이렇게 본다면 트럼프 대통령의 솔직 담백한 달러화 관련 발언은 시장에 오히려 큰 혼란을 야기하는 노이즈가 되고 있는 셈이다. 앞으로 그의 정책 공약이 어떤 식으로 하나씩 현실화할 것인지에 따라 달러화는 그 방향성을 결정할 것으로 보인다. 그리고 그 이전까지 외환시장은 트럼프의 입을 주목할 것이다[이데일리, 이정훈기자, 2017.2.3.].

# 12

# 트럼프의 에너지 규제 해제 – 셰일 석유 및 가스 개발 허가 – 개발 수익, 인프라 투입 충당

**트럼프 행정부는 에너지 산업에 대한 규제를 대폭 해제한다.** 미국 우선 에너지 계획(America First Energy Plan)을 통해 미국 땅에 묻혀 있는 50조 달러(약 5경8800조원) 규모의 셰일 석유 및 가스를 본격적으로 개발해 생산하고, 오랫동안 침체돼 있었던 석탄 산업 역시 다시 부흥시키겠다고 것이다[서울=뉴시스, 박상주 기자, 2019.1.21.].

**에너지 개발을 통해 얻어진 수익은 도로와 학교, 다리 등 인프라(사회간접자본)를 건설하는 데 충당한다. 1조 달러 인프라 건설 재원은 에너지 개발을 통해 조달한다는 구상이다.**

트럼프 대통령은 기후 행동 계획(The Climate Action Plan) 등 유해하고 불필요한 정책들도 폐지한다. 이런 규정을 폐지하는 것은 미국인 노동자들에게 큰 도움이 된다고 보는 것이다. 향후 7년 동안 300억 달러 이상의 임금 인상 효과를 기대한다.

셰일 석유 및 가스 혁명을 통해 일자리를 창출하겠다는 것이다. 아직 개발하지 않은 50조 달러 규모의 셰일 석유 및 원유를 개발해 이용한다는 것이다. 특히 미국 미 연방 정부 토지에 묻혀 있는 셰일 석유 및 가스를 개발할 것이다.

에너지 생산을 통해 벌어들인 소득으로 도로, 학교, 다리, 공공 기반 시설을 지을 것이다. 값싼 에너지는 미국 농업에 활기를 불어넣는데도 도움이 될 것이다.

또한 깨끗한 석탄을 생산하는 기술 개발에 주력할 것이다. 오랫동안 침체돼 온 미국의 석탄 산업을 재건할 것이다. **국내 에너지 생산을 부양하는 일은 경제 뿐 아니라 미국의 국가안보 이익을 위해서도 좋은 일이다. 트럼프 행정부는 석유수출국기구(OPEC) 카르텔과 우리의 국익에 적대적인 나라들로부터 에너지 독립을 이루는 데 주력할 것이다. 또한 우리는 걸프 만 동맹국들과 함께 긍정적인 에너지 협력관계를 개선해 나갈 것이다. 이는 반(反) 테러리즘 전략의 일환이기도 하다.**

13

# 환율조작 – 불법보조금 지급 간주 – 세계무역기구 규정 위배

도널드 트럼프 행정부는 환율조작을 불법보조금 지급으로 간주해 해당국에 상계관세를 부과할지 모른다. 이러한 정책적 접근은 중국을 직접 겨냥하는 데서 한발 물러서 보이지만 중국이 수출을 늘리기 위해 통화가치를 절하하는 것을 막는 전략으로 본다[월스트리트저널(WSJ) 보도 / 서울=연합뉴스 이율 기자, 2017.2.14.].

미국 상무부는 어떤 국가든 환율조작을 할 경우 불공정하게 보조금을 지원한 것으로 간주한다. 미국 기업들은 이런 경우 해당국 제품에 대해 상계관세 등 조처를 미국 상무부에 요구하도록 하겠다는 것이다.

이는 미국 국가무역위원회(NTC)가 대 중국전략 중 일부 정책으로, 중국에 도전하면서도 관계를 안정적으로 유지하겠다는 복안이다. 중국에 적용되는 조처가 다른 국가에도 똑같이 적용돼야 한다는 게 NTC의 전략이다.

이번 조처로 중국은 실제 무역이익을 위해 환율을 조작하는지에 대한 논란에 직면하지 않을 수 있다. 이는 중국을 환율조작국으로 지목하면서 각을 세우기보다는 중국에 대한 정책스탠스를 유연하게 전환하려는 신호로 해석하기도 한다.

트럼프 대통령은 취임 첫날 중국을 환율조작국으로 지정하고 중국산 제품에 대해 45%의 관세를 부과하겠다고 공언해왔다. 하지만, 취임 이후 이를 이행하지 않았다.

그러나 **환율조작을 불법보조금의 지급으로 간주해 해당국에 상계관세 부과하는 것은 세계무역기구(WTO) 규정에 위배되는 것으로 논란이 된다는 점이다.** 다른 국가들도 연방준비제도(Fed)의 통화정책이 달러화 약세를 불러왔다며 이를 보조금 지급으로 간주해, 미국 산 수출품에 대해 비슷한 조처를 할 수 있기 때문이다.

오바마 행정부는 이런 결과를 낳을 것을 우려해, 외환시장 개입을 보조금으로 간주하지 않기로 결정한 바 있다. 따라서 이 추진은 재무장관과 상무장관 등 트럼프 내각의 검토를 거칠 것으로 보인다.

중국의 외환시장 개입은 미 · 중간의 오랜 논란거리다. **미국 재무부는 매년 4월과 10월 환율보고서를 통해 대미 무역흑자가 200억 달러 이상이고, 경상수지 흑자가 해당국 국내총생산(GDP)의 3% 이상이면서, 자국 통화가치 상승을 막기 위해 한 방향으로 외환시장 개입을 반복적으로 단행하는 등 세 가지 요건을 충족하는 국가를 환율조작국으로 지정한다.**

재무부는 작년 4월과 10월 중국을 환율조작국 지정의 전 단계인 환율관찰대상국으로 지정한 바 있다. 작년 4월에는 무역흑자와 경상수지 요건, 작년 10월에는 무역흑자 요건에 부합했기 때문이다. 통상 환율관찰대상국 지정은 2가지 요건을 충족해야 이뤄지지만, 중국은 한 차례 관찰대상국으로 지정된 경우 최소 2차례 이상 관찰대상국으로 유지한다는 추가 조항에 따라 작년 10월에도 환율관찰대상국에 머물렀다.

미국이 중국을 마지막으로 환율조작국으로 지정한 것은 1994년 클린턴 정부 당시다. 당국의 외환시장 개입은 일반적으로 두 가지 방향에서 이뤄진다. 이 가운데 자국 통화가치를 절하하려는 '달러 매수'개입에 대해 미국은 환율조작이라고 몰아붙인다.

미국은 개정 미국 무역촉진진흥법(BHC수정안)에 따라 **무역상대국의 환율조작 여부를 판별할 때 해당국 통화가치의 상승을 막기 위해 외환시장에서 일방향의 반복적인 개입을 했는지를 기준으로 삼겠다고 밝힌 바 있다. 일방향의 반복적인 개입을 했는지는 달러 순매수 규모가 GDP 대비 2%를 넘는지와 12개월 가운데 8개월 이상 순매수했는지가 기준이다.**

14

# 미국의 국경세 도입

유럽연합(EU)과 미국 교역 상대국들이 미국의 국경세 도입 움직임에 세계무역기구(WTO) 제소로 맞대응을 준비 중이다.

**수입품에 관세를 물리고 수출품은 면세 혜택을 주는 세제가 국제통상의 기초적 규칙에 어긋난다는 판단으로, 실제로 제소가 이뤄진다면 역대 최악의 무역 분쟁으로 이어질 수도 있어 귀추가 주목된다**[서울=연합뉴스 권혜진 기자, 2017.2.14.].

EU 집행위원회는 누군가가 EU의 이익이나 국제 무역 규정에 반하는 행동을 한다면 우리도 대응책이 있다며 대응하고 있다. EU 내 자체적인 법적 기구도 있으나 일단 우리는 WTO라는 세계적인 기구의 일원이기 때문에 우선 WTO 제소를 고려한다는 것이다.

유럽연합 측은 세계 경제에 미칠 재앙적인 결과를 고려할 때 미국과의 '무역전쟁'을 피하고 싶지만 무역에서만큼은 글로벌 규정을 따라야 한다고 생각한다고 불가피성을 강조하고 있다.

EU와 미국 교역 상대국의 WTO 제소 움직임은 미 집권당인 공화당이 하원에서 이른바 '국경 조정세'의 도입을 발의한 가운데 나왔다.

**공화당은 국경조정세를 포함, 국내 기업의 세금 부담을 전반적으로 낮춰주는 세제 개편안을 추진 중이다. 국경조정세는 기업 제품이 판매되는 곳을 과세 기준으로 삼아 수출은 비과세하고 수입은 비용을 과표에서 공제해주지 않는 내용이 골자다.** 이 같은 계획은 교역 상대국뿐만 아니라 미국 내에서도 작지 않은 논란을 부르고 있다.

수입 상품이 대부분인 월마트 같은 유통업체와 대표적인 수출업체인 제너럴 일렉트릭(GE) 같은 업체는 이해관계에 따라 패가 갈려 이미 로비전에 들어갔다.

만약 이 국경조정세가 도입되면 글로벌 법인세 시스템 상에서 한 세기만의 가장 큰 변화가 예상된다. 또한 세계 무역 시스템 하에서 가장 영향력 있는 국가의 보호주의 선회 움직임은 세계적인 파문을 일으킬 것으로 전망 된다.

WTO를 비롯한 통상 전문가들은 국경조정세가 WTO 기준에 어긋난다고 입을 모았다. **국경세는 WTO의 규정과 양립할 수 없다는 것이 일차적인 판단이다.** 이에 따라 WTO 재판에서 미국의 패소 가능성도 배제할 수 없다.

WTO 분쟁에서 미국이 패소할 경우 WTO 출범 이래 사상 최대 규모의 무역 보복이 예상된다. 패소 시 미국이 보복에 따라 입을 피해 규모가 한해 3천850억달러(약 442조3천억원)에 이를 것으로 관측됐다[피터슨국제경제연구소의 채드 보운 전문가]. 이는 이제껏 나온 WTO 분쟁 판결 사례에서 나타난 최대치보다도 100배 정도나 클 것으로 추산되는 것이다.

그렇다고 미국이 WTO 판결을 무시하면 무역전쟁을 막기 위해 출범한 국제기구의 와해로 이어질 수 있다. 그러나 트럼프 행정부 각료들은 WTO의 기준이 편향됐으며 이런 불공평한 기준에 대응하려면 국경조정세가 필요하다는 입장을 고수하고 있다.

**피터 나바로 백악관 국가무역위원회 위원장은 WTO가 미국에 수출하는 국가들에 유리하고 미국에는 불평등한 규칙을 적용해 미국의 직업이 사라지고 공장을 몰아냈다고 주장했다. 미 의회에선 의견이 팽팽히 맞선다.**

이 법안을 발의한 케빈 브래디 하원 세입위원회 위원장은 WTO의 기준과 양립 가능하도록 디자인했다고 강조했다. 그러나 공화당 상원 의원들은 국경세 관련 법안이 절대로 넘지 말아야할 선은 WTO 규정이라고 강조하며 우려를 나타내고 있다.

15

# 뉴욕증시의 장기상승과 거품 붕괴 가능성

2016년 11월 미국 대통령 선거 이후 뉴욕증시의 S&P500지수는 197포인트(9%) 급등했다. 불과 3개월 만에 1조4400억 달러의 시가총액이 불어났다. **지난 1년 동안 S&P500지수는 23% 상승했다. 시가총액은 3조6000억 달러가 증가했다. 이를 감안하면 늘어난 시가총액의 40%가 도널드 트럼프 대통령에 의한 것이라고 평가할 수 있다**[파이낸셜타임스(FT) 보도 / 뉴욕=이심기 기자, 한국경제, 2017.2.14.].

## ⇨ 확산되는 펀더멘털 낙관론

S&P500지수에 편입된 종목의 **시가총액이 20조 달러를 넘어선 배경으로 트럼프 정부의 감세와 규제완화, 정부지출 확대 등의 요인을 든다.** 미국 경제의 빠른 성장이 기업 이익을 늘리고, 이는 곧 주가 상승으로 이어질 것이라는 '펀더멘털 낙관론'이 뉴욕증시의 지속적 상승을 가능케 한다. 지난주 트럼프 대통령이 조만간 획기적인 감세정책을 내놓겠

다고 발언한 이후 단 이틀간 뉴욕증시의 시가총액은 2250억 달러나 증가했다.

투자분석가들의 긍정적인 평가도 잇따르고 있다. 낙관론이 시장을 지배하고 있다는 것이다. 트럼프 대통령의 면담이 계속되면서 기업 최고경영자(CEO)의 자신감이 높아지고 경기부양책의 속도가 빨라질 것이라는 기대가 커지고 있는 분위기다.

이날 시가총액 1위 기업인 **애플의 주가**는 133.29달러로, 2015년 2월 23일 작성한 최고가(133달러)를 약 2년 만에 넘어섰다. 시가총액도 7000억 달러에 근접했다. 애플 외에도 **구글의 모회사인 알파벳, 마이크로소프트, 벅셔해서웨이, 아마존 등 전체 증시의 10%를 차지하는 시가총액 상위 5대 기업의 주가도 최근 1년간 15% 이상 뛰었다.**

**기업 실적이 호조를 보이고 있는 것도 증시를 견인하고 있다.** S&P500 기업의 지난해 4분기 순이익 증가율은 5%로 전 분기 3.1%를 크게 웃돌았다.

### ⇨ 다시 고개 드는 거품론

그러나 거품을 경고하는 목소리도 커지고 있다. 트럼프 행정부의 정책 리스크가 여전하다는 반론이 제기된다. 이날 뉴욕증시의 3대 지수가 나란히 사상 최고치를 경신했지만 '공포지수'로 불리는 시카고옵션거래소의 변동성지수(VIX)는 2.03% 오른 11.07을 기록했다.

아직 절대 수치는 낮지만 증시 과열에 따른 투자자의 불안심리가 커지고 있음을 보여준다. 글로벌 금융위기가 터지기 직전인 2007년에도 변동성 지수는 최저치였다. **투자자들의 과도한 자기만족은 시장 충격으로 이어질 수 있다. 연이은 랠리는 펀더멘털을 반영한 게 아니라 거품에 가깝게 갈 수 있다.**

주요국 통화 대비 달러화 가치를 나타내는 달러인덱스도 사흘 연속 상승하며 100.79를 기록했다. 최근 3주 만의 최고치다. **달러화 강세는 수출 비중이 높은 대기업의 매출 감소와 수익성 하락으로 이어진다.**

현재 35%인 법인세율이 트럼프 대통령이 공약한 15%나 공화당이 주장하는 20%로 낮춰지더라도 기업에 심각한 부작용을 미치는 국경조정세가 감세 효과를 날려버릴 것이라는 걱정도 계속되고 있다. **트럼프 정부의 무역 및 이민제한 정책이 경제 성장을 둔화시킬 수 있는 점도 커다란 부담요인이다.** 14~15일 예정된 재닛 옐런 미국 중앙은행(Fed) 의장의 의회 증언도 증시 흐름을 바꿀 변수다.

16

# 트럼프 정부의 규제 완화 속도 전쟁

도널드 트럼프 미국 대통령이 규제 완화에 속도를 내고 있다. 대규모 규제 완화를 단행한 1980년대 로널드 레이건 대통령 이후 최대 규모라는 평가다. 취임 후 트럼프 대통령이 법적·행정적 수단을 동원해 버락 오바마 전 행정부의 규제 정책을 겨냥하고 있다[워싱턴포스트(WP) 보도 / 서울=뉴스1 김윤정 기자, 2017.2.13.].

**규제 관련 비용은 지난 1982년부터 매년 꾸준히 증가했다. 공화당은 이를 두고 경제적 효과를 절감시키는 원인이라며 오랫동안 비판해왔다.** 상·하원을 장악한 공화당은 트럼프 행정부와 함께 속도를 내고 있다. 최근 몇 년 동안 봤던 규제 완화 시도보다 훨씬 공격적인 것으로 평가한다.

하원은 광산 기업들이 폐기물을 각 지역 수로에 버리지 못하도록 하는 내용의 내무부의 이른바 **하천보호규정**(Stream Protection Rule), 석유·가스 기업들이 에너지 자원 채굴권을 얻는 과정에서 외국 정부에 지불한 비용을 공개하도록 하는 내용의 **증권거래위원회**(SEC) **규정** 등이 폐지했다.

이 외에 30개의 미 **환경보호청**(EPA) **규제**를 포함해 **250여개의 규제에 대해서도 아무런 공지 없이 시행 일정을 미뤘다**.

트럼프 행정부가 규제 완화에 속도를 낼 수 있는 건 의회검토법(Congressional Review Act) 때문이다. 전임 대통령 정부의 퇴임 전 60일 이내에 도입된 규제들을 재검토할 수 있도록 한 것. 하원에서 승인된 안건은 상원에서 다시 표결을 거쳐 최종 결정된다.

의회검토법은 이전 정부의 흔적을 손쉽고 빠르게 없앨 수 있는 수단이지만 역대 행정부는 이를 제한적으로 사용해왔다. 하지만 올 1월 출범한 115대 국회는 벌써 37개의 규제를 폐지했다.

**의회검토법보다 더 강력한 규제 완화 수단도 나왔다**. 지난달 30일 트럼프 대통령은 **기업 규제를 대폭 완화하는 행정명령에 서명했다**. 이 행정명령에선 기존 규제를 없애거나 완화함으로써 새로운 규제에 대한 예산을 편성하지 못하도록 하는 내용을 골자다.

기업들은 대부분 규제 완화를 환영하고 있지만, 별다른 대책 없이 규제가 없어져 일선 현장에선 혼선을 빚고 있다. **분쟁광물 규제**의 경우 유관부처인 SEC에서도 어디까지 규제를 완화해야 할 것인지에 대해 명확한 기준을 세우지 못한 상태다.

이처럼 강력한 규제완화가 진행되면서 반발도 상당하다. 시민단체 퍼블릭시티즌(Public Citizen)과 천연자원보호협의회(NRDC) 등은 막무가 내 식 규제완화에 대해 독단적이고 가변적이며 재량권의 남용이자 비합법적인 결정이라고 비판하며 규제 완화를 위한 명령에 대해 소송을 진행할 방침을 밝혔다.

17

# 미국의 건강보험제도 – 오바마 케어 폐기

오바마 케어는 오바마 대통령 8년 임기의 최대 업적으로 꼽힌다. 모든 국민의 건강보험 가입을 의무화하고 소득에 따라 보조금을 지급하며, 보험사의 횡포를 견제하는 오바마 케어로, 시행 전 20%가 넘던 미국의 **건강보험 미가입자 비율**은 지난해 기준 절반 이하인 9.1%로 떨어졌다.

그러나 직원들에게 의무적으로 건강보험을 제공하게 된 고용주, 보험금 지출이 늘게 된 보험사, 그리고 보험료를 더 내게 된 일부 젊고 건강한 가입자들이 반발하면서 오바마 케어는 우여곡절을 겪었다.

연방정부의 재정 지출 확대에 반대하는 공화당이 입법 초기부터 반대해왔고, 트럼프도 오바마 케어는 재앙이라며 폐기를 공언했다.

그러나 오바마 대통령은 자신의 역점 사업이 부정당하지 않기 위해 의회를 찾아 민주당 의원들에게 오바마 케어의 적극적인 사수를 당부했다. 민주당은 오바마 케어가 서민에게 혜택을 주는 제도라며 이에 반대하는 공화당을 부자 당으로 몰아붙였다.

도널드 트럼프는 버락 오바마 행정부의 핵심 건강보험제도인 오바마 케어(Affordable Care Act)를 폐기할 것으로 보인다.

그 이유는 오바마 케어가 작동하지 않는다는 것, 오바마 케어라는 건강보험제도는 저렴하지 않으며 형편없는 제도라는 것이다. 애리조나의 경우 무려 116%나 올랐다.

오바마 케어는 2천500만 명 이상의 국민이 보험에 가입하고, 또 파산케 하는 미친 시스템이다. 어떤 경우에는 1주일에 60시간을 일하고도 프리미엄 플랜 보험료는 배로 인상되고 보장은 절반으로 줄어들게 하는 미친 제도이다.

미 의회 상·하 양원을 장악한 공화당도 오바마 케어 폐지법안을 최우선으로 처리할 것 같다. 오바마 케어 폐지 법안이 미 의회의 2017년 첫 작품이 될 것으로 전망된다.

그러나 트럼프 정부는 오바마 케어 중 환자의 건강상태를 이유로 보험회사가 보험적용을 거부할 수 없도록 한 조항과 부모가 가입한 보험으로 자녀가 수년 동안 추가 보험적용을 받을 수 있도록 한 조항에 대해서는 긍정적으로 평가하고 있다. 부분 존치를 밝히고 있어 완전히 폐기보다는 대수술을 할 것이라는 관측이다.

### ⇨ 건강보험개혁법 폐기 시 거대한 비용 발생

도널드 트럼프 미국 대통령은 오바마 케어(건강보험개혁법)를 손질하는 행정명령을 발동했다[서울=연합뉴스, 김아람 기자, 2017.1.21.]. 2014년 시행된 오바마 케어는 전 국민의 건강보험 가입 의무화를 목표로 건강보험에 가입하지 못하던 저소득층에게 보조금을 지급해 가입하도록 한 건강보험 개혁정책이다

그러나 오바마 케어의 폐지는 정부 지출을 줄일 수 있겠지만, 그 비용이 더 클 것이라고 진단한다. 미국 의회가 환자보호 및 부담적정보험법(PPACA, 오바마 케어)을 폐지할 경우 보건 및 기타 업종에서 약 300만 명이 일자리를 잃을 것으로 예측된다. 오바마 케어의 주요 부분을 폐지한다면 대규모 실업이 발생할 것이고 소비 및 기업 지출이 위축될 것이다. 이는 미국 경제 모든 부분에 영향을 미친다[서울=뉴스1 정혜민 기자, 2017.1.6.].

오바마 케어 폐지에 따른 즉각적이고 가시적인 효과는 오바마 케어를 통해 보험에 들었던 수백만 명이 보험을 상실한다는 점이다. △오바마 케어 가입자들의 월간 보험료 부담을 줄이기 위해 연방정부가 지급하던 보조금 예산을 의회가 철회하고 △오바마 케어 아래에서 새로 메디 케이드(저소득층 의료보장제도) 자격을 갖춘 성인들에 대한 자금 지원을 중단하는 두 경우를 상정한 경우, 연방정부는 보건복지 지출에 드는 비용 1400억 달러(약 166조원)을 절약할 수 있다. 그러나 오바마 케어 지원금이 줄면 대규모 실업사태를 일으키고 국내총생산이 감소할 것이다.

18

# 은행규제 - 도드-프랭크법의 폐지

도널드 트럼프 미국 대통령은 도드-프랭크법의 폐지를 선언했다. 도드-프랭크법은 미국 경제 활성화에 결코 도움이 되지 않는다는 시각이다. 미국 금융기관이 하루에 한 개꼴로 사라지고 강도 높은 인력 구조조정을 단행한 배경에 이 법이 작용한다고 본 것이다.

트럼프는 이 법이 훌륭한 사업을 하지만 돈을 빌리지 못하는 이들을 양산하고 있다며 은행이 도드-프랭크법 때문에 대출 해주지 않기 때문이라고 진단한다.

도드-프랭크법의 타당성을 검토하라는 대통령 지침에 따라 재무부와 금융당국은 120일 안에 도드-프랭크법 개정방안을 제출한다. 이 법의 취지에 찬성하는 민주당의 반발로 법안 폐지는 쉽지 않지만 상당수 규제를 덜어내 월가의 숨통을 틔워줄 것으로 보인다.

게리 콘 백악관 국가경제위원회(NEC) 위원장도 현행 금융규제 때문에 은행들이 현금을 깔고 앉고 있으며 은행들이 다시 돈을 빌려줄 수 있는 환경을 조성해야 한다고 주장했다. 콘 위원장을 비롯해 재무장관 스티븐 므누신 등 골드만삭스 출신들이 트럼프 행정부의 요직을 차지하고 있다.

트럼프 금융규제 완화 행보에 속도를 내면서 이날 다우지수는 순식간에 2만선을 탈환했다. 다우지수는 전장보다 186.55포인트(0.94%)나 상승한 2만71.46을 기록했고 스탠더드앤드푸어스(S&P) 500 지수와 나스닥지수도 일제히 올랐다. 모건스탠리는 5.5%, 골드만삭스는 4.6%나 급등하는 등 은행주의 상승세가 두드러졌다[뉴욕 = 황인혁 특파원, 매일경제, 2017.2.5.].

### ⇨ 금융규제 강화 입법 - 도드-프랭크 법 폐기

도드-프랭크 법은 2008년 글로벌 금융위기가 한창일 때 취임한 버락 오바마 대통령이 이를 수습하고 도입한 재발방지책의 총체적인 입법물이다. 이를 폐기하는 것은 오바마 흔적 지우기가 된다.

도드-프랭크법을 폐기하고 트럼프는 미국 금융 감독 체계의 완전한 개편을 선언했다. 도드-프랭크 법(SIFI)은 금융기관별로 감독기관이 제각각이었던 미국 금융 감독 시스템을 금융안정감독위원회(FSOC) 산하로 일원화하고, 시스템적으로 중요한 금융기관(SIFI)에 대한 규제와 감독을 강화하는 한편, 소비자와 투자자보호를 강화하는 내용을 담고 있다.

SIFI에 볼커 룰을 적용한 게 특히 주목받았다. 볼커 룰에 따르면 은행과 은행계열사는 대고객업무와 무관한 트레이딩 계정거래를 할 수 없으며 기본 자기자본(Tier1)의 3% 이상 사모펀드나 헤지 펀드에 투자할 수 없다.

연방준비제도(Fed · 연준)는 SIFI에 대한 감독을 담당하면서 정기적으로 스트레스 테스트와 맞춤형 감독, 청산계획 평가, 필요시 회사 분할 · 업무정지 등의 권한을 갖게 됐다.

금융소비자 보호 강화를 위해 **소비자금융보호국**(CFPB)을 신설했다. 또 서브 프라임 모기지 부실사태의 재발을 방지하기 위해 **주택담보대출 시 변제능력을 확인할 의무가 금융회사에 있다**고 규정하고, 이를 확인하지 않고 대출이 집행된 경우 집값보다 주택담보대출 금액이 크더라도 담보주택만 반환하면 채무가 해소되게 했다.

금융시장의 투명성을 높이기 위해 사각지대에 있었던 **장외파생상품과 사모펀드와 헤지 펀드, 신용평가사에 대한 규제와 감독도 신설됐다**.

금융회사의 단기실적 위주 보수체계 개선을 위해 **모든 금융회사가 경영진의 보상체계, 보상수준, 일반직원과 보수격차 등을 공시하도록 했으며, 주주들은 이에 대한 비구속적 투표권을 갖게 됐다**.

### ⇨ 미국 금융 규제

유럽연합(EU)이 미국의 금융규제에 본격적인 맞대응한다. EU에 진출한 해외 은행들에게 미국과 동일한 방식으로 규제를 가할 방침이다. EU의 '보복'으로 양측의 규제갈등이 더욱 심화될 전망이다[머니투데이 주명

호 기자, 2016.11.22.].

EU 집행위원회(EC)는 미국의 '중간지주회사'(IHC) 규정과 동일한 내용이 담긴 규제조항을 발표한다. 재작년 도입된 미국 IHC 규정은 미국에 진출한 외국 대형은행들이 의무적으로 지주회사를 설립하도록 강제했다. 지주회사를 통해 미국의 자본규제 기준을 동일하게 적용시키기 위해서다.

이번 법안은 반대로 유럽에 진출한 미국 은행들이 지주회사를 설립하도록 규정한다. 그렇게 되면 골드만삭스, JP모간 등 미국 은행들은 EU의 규제기준에 맞춰 추가 자본확충에 나서야 한다. 법안을 추진한 발디스 돔브로브스키스 EC 부위원장은 최대 13곳의 유럽은행이 이 규제안에 적용될 것이라고 밝혔다. 그러나 FT는 실제로는 '국제 금융시스템상 중요은행'(Globally Systemically Important Banks · GSIBs) 및 총자산 300억유로 이상인 비EU은행들의 자회사들이 적용 대상에 들어간다.

EU측은 이전부터 미국의 규제안을 '보호주의'라 비판하며 지속적으로 맞대응을 경고해왔다. 그런 이유로 이번 EU의 보복은 유럽 시중은행들의 환영을 얻을 것으로 보인다. 유럽 은행들은 미국의 규제 때문에 불평등한 경쟁이 펼쳐졌다며 불평을 쏟아 내왔다. 이 법안을 EU가 강행할 경우 미국 은행들이 유럽에 묶어두어야 할 자본도 더욱 커질 수밖에 없다.

이번 행보로 은행규제를 둘러싼 미국과 유럽 사이의 갈등은 더욱 악화할 전망이다. 앞서 미국 법무부가 도이체방크에 부실 모기지상품 판매를 이유로 140억달러라는 막대한 벌금을 부과하면서 반목의 골은 이

미 상당히 깊어졌다.

또한 이로 인해 금융규제 분야에서 분열 속도가 점차 가속화할 것으로 보인다. 은행들 사이에서도 이런 흐름을 우려하는 목소리가 높다. 세계 각지에 지주사를 설립해 지역별로 다른 규제를 받는 것은 경영 측면에서 그만큼 비효율성을 키워 사업에 지장을 줄 가능성이 높다.

이번 법안은 대체로 미국 은행을 겨냥했지만 영국 시중은행들 역시 타격을 입을 가능성이 높다. 브렉시트(영국의 EU 탈퇴)가 실시되면 영국 은행들 역시 해외 은행으로 분류돼 EU에 별도의 지주회사를 설립할 수밖에 없기 때문이다.

### ⇨ 씨티그룹과 JP모건체이스

씨티그룹과 JP모건체이스가 전 세계 은행 가운데 부도가 나면 글로벌 경제에 가장 큰 타격을 줄 수 있는 은행들이다[서울=연합뉴스, 김경윤 기자, 2016. 11.22.].

주요 20개국(G20) 산하 국제금융감시기구인 금융안정위원회(FSB)는 '글로벌 시스템상 중요한 은행'(G-SIB) 30곳을 발표하고 이 가운데 씨티그룹과 JP모건체이스를 중요도가 가장 높은 은행으로 꼽았다.

**글로벌 시스템상 중요하다는 것은 해당 은행이 무너졌을 경우에 연쇄작용을 통해 글로벌 경제에 미치는 영향이 크다는 의미다. 이에 따라 두 은행은 2018년 1월부터 다른 은행들보다 2.5% 포인트 더 높은 자기자**

**본비율을 유지해야 한다.**

지난해 **JP모건체이스**와 함께 가장 중요도가 높은 은행 등급에 들었던 HSBC는 한 단계 아래로 내려갔다. **뱅크오브아메리카**(BofA), **BNP 파리바, 도이체방크**는 HSBC와 함께 자기자본비율을 일반 은행보다 2.0% 포인트 올려야 하는 단계에 이름을 올렸다. **바클레이스, 중국공상은행**(ICBC), **웰스파고** 등은 그 바로 아래 단계였고, **모건스탠리**가 최하위 단계에 들었다.

미국 은행 가운데서는 **씨티그룹과** BofA, **웰스파고**의 중요도 단계가 지난해보다 상승한 것으로 나타났다. **글로벌 시스템상 중요한 보험사로는 지난해와 동일하게 아혼, 알리안츠,** AIG, **아비바,** AXA, **메트라이프, 핑안, 미국 푸르덴셜 파이낸셜, 영국 푸르덴셜 등 아홉 곳이 꼽혔다.**

FSB는 2008년 **글로벌 금융위기 이후 재발 방지를 위해 글로벌 제에 큰 타격을 줄 수 있는 은행을 평가하고 단계에 따라 다른 은행보다 자기자본비율을** 1.0~3.5% **포인트 늘리도록 하고 있다.** 현재는 자기자본비율을 3.5% 포인트까지 추가해야 하는 은행은 없는 것으로 나타났다.

### ⇨ 미국 대형 은행들

저금리와 금융 규제 강화에 신음하던 미국 대형 은행들이 트럼프 시대를 맞아 예상 이익이 상향조정되고 있다[월스트리트저널(WSJ) / 톰슨 로이터 / 머니투데이 정인지 기자, 2017.1.12.].

미국의 KBW 은행지수는 지난해 11월 미국 대통령 선거 이후 24%가 상승했다. 같은 기간 S&P(스탠다드앤드푸어스)500 지수 상승률의 3.5배다.

지난해 4분기 대형 은행들의 이익 예상치도 상향조정되고 있다. 애널리스트 평균 전망치는 최근 90일 동안 **골드만삭스와 모건스탠리**의 이익 전망치는 각각 16%와 12%가, BOA(**뱅크오브아메리카**), **시티그룹**, **JP모건**은 약 2~5%가 올랐다. 유령계좌 문제가 불거졌던 **웰스파고**만 1% 하락했다.

은행주들은 그동안 주가가 저평가 돼 있었다. BOA 주가는 자산 가치 대비 55% 수준에서 거래되고 있다. 유가 하락, 중국의 경착륙, 글로벌 저성장 등에 일부 투자자들은 2008년 수준의 경제 폭락을 우려하기도 했다. 그러나 은행들은 밸런스 시트(balance sheet)가 건전한 상태라고 강조하고 있다.

올해 전망도 긍정적이다. 전문가들은 JP모건의 연간 이익을 4.8% 상향 조정한 주당 6.5달러로, 골드만은 9% 올린 주당 18.7달러로 추정하고 있다. **기업세율 변경, 금융규제인 도드-프랭크법의 재점검 등은 시간이 걸리겠지만 은행들의 주 소득원인 주식·채권 매매가 긍정적인 신호를 보내고 있어서다.**

19

# 트럼프 이후 미국 금융업

월가는 트럼프발(發) 규제 완화에 대한 기대감을 걸고 있다. 트럼프 랠리 덕에 주요 투자은행(IB)은 월가가 다시 위대한 시기를 재연할 것이라며 반겼다. 트럼프 랠리 덕분에 자산을 불린 억만장자 투자자 워런 버핏은 친(親) 트럼프로 노선을 바꿨다. 트럼프 당선 이후 쪽박을 찬 억만장자 투자자 조지 소로스는 잠재적 독재자인 트럼프의 실패를 확신한다며 악담을 퍼부었다[서울=연합뉴스, 이 율 기자, 2017.1.20./ 글렌 허버드 미국 컬럼비아대 경영대학원장].

**트럼프가 전념하겠다고 한 정책들을 보면 경기를 부양하고 시장을 지원하는 정책들이다. 트럼프 정책 중 인프라 투자, 감세, 규제 완화 등은 경기부양에 도움이 될 것이다. 또한 글로벌 금융위기 이후 월가 개혁의 상징인 도드-프랭크법을 개정할 수 있을 것이란 기대감도 크다.**

규제당국은 회계감사나 비용, 대출규정, 유동성 확보, 자본 활용 등에 대해 여러 가지를 쉽게 바꿀 수 있다. 일부가 검토 끝에 완화된다면 경제에 좋을 것이다. 이러한 정치가들이 실시되면 월가에 위대한 몇 년간

이 될 것이다. 미국에서 사업하는데 매우 긍정적으로, 미국으로 전 세계 사업이 쏟아져 들어오는 계기가 될 수 있다.

월가는 트럼프의 대통령 당선 이후 떼돈을 벌었다. **골드만삭스**의 작년 4분기 순이익은 전년 동기 대비 3배로 늘었다. 같은 기간 **JP모건체이스**의 순이익은 24%, **모건스탠리**는 83% 느는 등 모두 트럼프 특수를 누렸다. 이들 금융사의 주가도 **골드만삭스**가 대선전보다 30%, **JP모건**은 20% 치솟았다.

트럼프 랠리 덕에 큰 투자수익을 낸 **워런 버핏**은 트럼프의 장관 지명자들을 전폭적으로 지지한다면서 친 트럼프로 노선을 바꿨다. 누가 대통령이든 상관없이 CEO라면 자신을 도와줄 수 있는 사람을 고를 능력이 있어야 한다. 그들이 실패하면 그건 자신의 잘못이고 다른 사람을 새로 뽑아야 한다. 각료를 바꾸거나 해야 할 것이다.

반면에, 억만장자 투자가 **조지 소로스**는 도널드 트럼프 미국 대통령 당선인은 사기꾼이자 독재자가 되고 싶어 하는 자기모순이 가득한 인물로 보며 실패할 것이라고 확신한다고 직격탄을 날렸다.

소로스는 금융시장은 규제 완화와 감세라는 꿈에 들떠 아직은 축포를 터뜨리고 있지만, 현실이 들이닥치면 증시 랠리는 멈출 테고, 금융시장이 잘 될 것으로 보지 않는다고 내다봤다.

트럼프 당선 이후 금융주가 큰 폭으로 상승하면서 버핏이 지분 18%

를 보유한 **버크셔 해서웨이**는 이달 중순까지 371억 달러(43조5천억 원)의 평가수익을 올렸다. 반면에, **소로스**는 트럼프 당선이 약세장을 부를 것으로 예상하고 투자했다가 약 10억 달러(약 1조2천억 원)의 손실을 봤다.

월가 투자자들이 6년 만에 가장 강한 낙관적 경제전망을 보이고 있다. 트럼프 대통령이 주장하는 부정 부양책으로 경제 활성화에 기대를 걸고 있다. 투자자들의 낙관적인 경제전망은 트럼프 대통령의 재정부양책에 대한 기대의 영향으로 분석된다. **트럼프 대통령은 대선 때부터 세금인하, 규제완화, 재정지출확대 등을 강조하며 기업의 이익을 증대할 것이라고 강조했다. 시장은 낙관주의가 점차 강화되고 있다며 글로벌펀드 매니저들이 운용하는 전체 자산 규모는 6300억 달러에 달한다**[2017.2.25.].

가치투자의 귀재'라 불리는 워런 버핏의 버크셔 해서웨이는 2016년 4분기 공격적인 투자를 통해 애플과 미국 4대 항공사 지분을 대폭 늘렸다.

버크셔 해서웨이는 2017년 2월 14일 현재 기준으로 2016년 12월 31일 보유한 애플 주식이 총 5740만주라고 공시했다. 돈으로 환산하면 66억4000만달러(7조5600억원)에 이른다. 2016년 9월 말 보유했던 물량이 1523만주였던 점을 감안하면 3개월 만에 지분이 4배 가까이 늘어났다.

버크셔는 또한 같은 기간 미국 4대 항공사인 **아메리칸항공그룹과 델타항공, 사우스웨스트항공, 유나이티드콘티넨탈홀딩스 주식**도 각각 20

억달러(약 2조2800억원) 이상 매수했다고 밝혔다. **애플 주가**는 올해 들어서만 17% 급등했으며 전날부터 이틀간은 연일 사상 최고치를 경신했다[CNBC 보도 / 서울=뉴스1, 배상은 기자, 2017.2.15.].

### ⇨ 버크셔해서웨이 주가

**워런 버핏의 투자회사 버크셔해서웨이의 A주 주가가 2017년 3월 14일 주당 25만 412달러, 한화로 2억 9000만원에 거래돼 사상최고가를 기록했다.** 1987년 발행 때 주당 2900달러였던 버크셔해서웨이 A주는 세계에서 가장 비싼 주식으로 꼽힌다. A주 주가는 지난해 미국 대선에서 도널드 트럼프 대통령이 당선된 이후 현재까지 13% 급등했다[파이낸셜타임스(FT) 보도 / 서울신문, 2017.2.15.].

**의결권이 적은 버크셔해서웨이 B주의 주가도 166.95달러까지 올라 최고가를 경신했다. 덕분에 버크셔해서웨이의 기업가치는 4120억 달러(약 471조원)를 기록했다. 시가총액으로 따지면 14일 기준으로 애플, 알파벳, 마이크로소프트(MS) 등에 이어 4위다.**

**버크셔해서웨이 주가가 치솟은 것은 애플과 항공주에 집중한 버핏의 투자 결정 덕분이다.** 버크셔해서웨이는 최근 공시를 통해 지난해 4분기 말 기준으로 애플 보유지분을 직전 분기 1520만주에서 5749만주로 약 3배 늘렸다고 밝혔다. 애플의 주가는 올해 들어 16.6% 뛰었고 14일 주당 135.02달러로 역대 최고치를 기록한 상태다.

버크셔해서웨이는 또 아메리칸 항공, 델타 항공, 유나이티드 콘티넨털 등의 주식을 각각 20억 달러씩 더 사들였다고 공시했다. 사우스웨스트 항공의 주식도 22억 달러어치를 매입했다.

20

# 미국 보호무역주의

트럼프 정부는 중국의 환율조작, 불법보조금 지급, 지적 재산권 침해, 남중국해 영유권 주장 등에 강력히 대응할 것이다. 트럼프가 대외 정책의 변화를 시도하려면 의회의 승인을 받아야 하고 의회의 승인을 받으려면 선거 캠페인 과정에서 내세웠던 과격한 대외 정책 공약을 현실적으로 누그러뜨리지 않을 수 없다.

트럼프는 한·미 자유무역협정(FTA)의 개정 작업을 추진할 것이다. 트럼프는 한·미 FTA 등 미국이 체결한 협정을 모두 재검토할 것이지만 어느 협정부터 손댈지 예상하기는 어렵다. 트럼프가 한·미 FTA 폐기보다는 재협상에 나설 것이나 재협상이 상징적인 절차에 그칠 가능성이 점친다. 이때 트럼프가 관세 카드를 꺼내들 수 있다.

트럼프가 보호주의 무역정책을 추진한다면 이는 미국이 다른 세계와 교역하는 방식에서 수년 내 큰 변화를 가져올 것이다. 트럼프는 미국의 일자리를 빼앗고 있다면서 북미자유무역지대(NAFTA)를 포함해 수많은 현행 자유무역협정들을 폐기하겠다고 했다. 심지어 세계무역기구(WTO)

탈퇴까지도 시사했다.

또한 그는 수입품에 대한 관세 부과를 선호하면서 중국산 수입품에 대해선 45%의 관세와 멕시코에서 수출한 상품에 대해선 35%의 관세를 각각 부과하는 것에 관해 얘기한 바 있다. 멕시코에서 들어오는 수입품에 대한 관세 부과는 제조업체들이 공장을 미국에서 멕시코로 이전하는 것을 막으려는 것이다.

트럼프 정부는 수 십 년간 유지해온 유화적 무역정책을 버리고 미국 노동자와 기업의 이익을 최우선하는 방향으로 새로운 무역협정을 추구하고 이를 위해 체결 협상을 시도할 것이다.

트럼프 정부는 나프타의 재협상 또는 탈퇴, 환태평양경제동반자협정(TPP) 철회, 불공정 수입 중단, 불공정 무역관행 중단, 양자 무역협정 추진 등의 기본 정책을 추진할 것이다.

상무부와 국제무역위원회(ITC)는 나프타에서 탈퇴하면 어떤 상황이 벌어지고, 탈퇴를 위해 어떤 법적 조치가 필요한지 등을 연구할 것이다. 미국무역대표부(USTR)는 멕시코와 캐나다에 통화정책, 원산지 문제, 환경 및 안전기준 등의 분야에 관한 나프타의 개정 의사를 통보할 것으로 알려져 있다.

무역 상대국들의 관행 중 미국에 피해를 끼칠 수 있는 식품안전, 국제적 인수합병 호혜성 등의 조항을 조사할 것이다. 아울러 취임 200일

쯤 미국이 공식적으로 나프타에서 탈퇴할 가능성이 있다. 의회가 대통령에게 무역협정 속도에 관한 권한을 위임하는 무역촉진권한(TPA)을 트럼프가 부여받는 것을 전제로 탈퇴가 가능하다고 본다.

### ⇨ 나프타

트럼프 정부는 나프타의 부정적인 결과를 지적하고 미국과 캐나다, 멕시코 간 양자 무역협정이 이를 보완할 것을 기대하고 있다. 나프타 재협상과 관련해 현재 멕시코와 캐나다는 개정 수용 의사를 이미 밝힌 상황이다. 멕시코는 나프타가 22년 전에 체결된 만큼 새로운 환경에 맞게 현대화할 필요가 있음을 생각해 봐야 한다고 보고 있다.

캐나다도 미국이 나프타에 대해 논의하기를 원한다면 기꺼이 대화할 것을 준비하고 있다. 그럼에도 나프타 재협상이 순탄치만은 않을 것이다. 이들 국가 간 관세가 모두 철폐된 상황에서 미국이 자국에 유리한 방향으로만 관세를 매길 경우 보복관세 등 통상·교역 분쟁이 불거질 수 있기 때문이다.

또 멕시코 등에 공장을 가진 미국 자동차 업계가 반발의 목소리가 나올 수 있다. 트럼프가 멕시코산 자동차에 관세 35%를 부과할 경우 미국 경제에 엄청난 영향을 줄 것이라고 미 자동차업계는 경고하고 있다[워싱턴=국기연 특파원, 세계일보, 2016.11.17.].

21

# 트럼프의 기업정책과 향후 경제전망

트럼프는 미국경제 성장의 꿈을 키워주고 있다. 미국의 성장률은 3%대 성장을 이룰 수 있다고 촉구한다. 트럼프 정부는 미국경제성장에 대한 꿈과 기대감을 한껏 부풀어 올리고 있다. **트럼프의 재정확대 · 감세 · 규제완화 등 3대 경제 활성화 패키지는 미국경제성장을 견인할 것이다.**

미국은 이제 트럼프를 맞아 성장에 대한 기대감을 재설정(리셋)해야 한다. **미국이 오랫동안 저성장 기조에 너무 익숙했기 때문이다. 법인세를 낮추고 민간 부문의 규제를 없애는 트럼프 대통령의 정책 조합은 성장 동력을 되살릴 것이다. 미 대선 이후 주식시장이 보여준 견조한 상승세는 트럼프의 방향을 지지한다는 신호이다.**

의미 있는 경제 활성화 정책을 단행한다면 머지않은 미래에 3~4% 성장도 가능하다. 트럼프는 매우 중요한 두 가지를 간파해냈다. 미국 유권자들의 요구를 읽는 데 성공했고 성장을 최우선에 뒀다는 사실이다.

이제 트럼프 정부가 그 방향대로 실행하고 미국의 성장을 향한 정책적 노력에 집중하면 슈퍼대국의 경제성장은 높은 궤도를 타고 갈 것이다.

법인세를 낮추면 기업 자본이 미국으로 한층 유입될 것이다. 경제협력개발기구(OECD)를 인용해 세수를 극대화할 수 있는 법인세율은 20%대 중반으로 본다. **법인세율을 낮추면 당장은 세수 감소를 겪을 수 있지만 경제 활성화에 따른 세수 저변 확대, 기업들의 해외자금 유치 등으로 긍정적 효과를 기대할 수 있다.** 다만 대규모 재정지출은 정부의 장기 재정수지를 유지 불가능한 수준으로 만들 수 있으므로 유의할 필요가 있다.

세제개혁과 규제완화를 이루기까지 트럼프 정부가 넘어야 할 과정이 많다. 만약 트럼프 정책이 기대대로 진척되지 않는다면 금융시장에 커다란 역풍이 불어 닥칠 수 있다. 트럼프의 경제 활성화 정책이 경기 과열을 초래할 수 있다는 옐런 의장의 시각은 우려하지 않아도 된다.

강 달러를 유인하는 힘은 크게 두 가지다. 첫째 요인은 미국 경제성장과 인플레이션에 대한 기대감이다. 또 하나는 미 기준금리 인상이다. 그는 강 달러 현상이 심화될수록 트럼프 정부의 정치적인 고민이 깊어질 수밖에 없다.

트럼프 대통령의 막무가내 식 기업 간섭은 부정적인 효과를 낳을 것이다. 미국 대통령이 할 수 있는 최고의 방안은 미국에서 기업을 운영하고 직원들을 미국에서 고용하도록 기업들에 투자 촉진책을 제공하는 일이다. 기업들에 그들이 있어야 할 곳을 지정할 수는 없다. 그건 개별 기업이 알아서 결정해야 할 문제다.

미국과 중국의 경제적 갈등은 한국에 상당한 부담이 될 것이다. 그러나 실제로 첨예한 충돌이 벌어지지는 않을 것이다. 중국이나 미국 지도자들은 상당히 실용적인 정책 스타일을 표방하고 대부분의 정책 결정은 미 의회 승인을 거쳐야 하므로 트럼프 정책이 보호무역과 반이민 정책으로 쉽게 돌아서지는 못할 것이란 점이다[뉴욕 = 황인혁 특파원, 매일경제, 2017.1.20.].

22

# 보호무역주의와 멕시코 경제

무역장벽을 쌓아 멕시코와의 무역 불균형을 해소하겠다는 트럼프 정책이 오히려 미국의 멕시코 제품 수입을 크게 늘리는 역효과를 유발할 수 있다. 멕시코 무역수지는 2016년 11월 2억400만달러(약 2,400억원) 흑자로 돌아섰다. 이는 전월 9억달러 적자와 비교하면 '서프라이즈' 수준이다.

멕시코의 대미 수출에 날개를 달아준 것은 아이러니하게도 멕시코산 제품에 고율의 관세를 부과하고 북미자유무역협정(NAFTA) 재협상을 공언한 트럼프 미국 대통령 후보의 당선이다.

멕시코는 트럼프의 대통령 당선으로 가장 큰 피해를 입을 나라로 지목됐지만 그로 인해 페소화 가치가 폭락한 것이 무역수지 면에서는 전화위복이 됐다. 달러화 대비 페소화 가치가 급락하면서 미국의 멕시코산 제품 수입은 늘어난 반면 멕시코의 미국산 제품 수입이 줄어든 것이다.

올해 들어 페소화 가치가 17% 급락한 가운데 지난 11월 멕시코의 제조업 부문 수출은 전월 대비 10% 증가한 것으로 집계됐다. 이는 2015년 10월 이후 최대 폭이다. 11월 멕시코 비석유제품 수출의 83%는 미국이 차지했다. 페소화 가치 하락 덕분에 앞으로 멕시코의 비석유 부문 수출이 상당 기간 호조를 보일 것으로 전망한다.

23

# 이민의 나라 미국의 이민규제 강화

이민의 나라 미국의 트럼프 대통령은 이민자의 유입을 적극적으로 규제하고 자국 내 일자리 제공을 제한하는 법안을 추진할 것이다. 보호무역주의와 이민 규제를 강화할 것이다. 중국 수입품에 높은 관세를 부과하고 적극적인 보호무역 정책을 추진할 것이다.

트럼프 집권 이후 세계질서는 자유화, 세계화 규범에서 많이 바뀔 것이다. 상품 · 서비스 · 노동의 이동이 미국 중심의 이기주의 정책에 의해 움직일 것이다.

**도널드 트럼프의 미래 정부는 기업 친화적 행보를 걸을 것이다.** 도널드 트럼프의 집권은 워싱턴 로비업계에게도 특수를 가져올 것이다. **법인세 인하와 규제 철폐 등 기업 친화적 행보**가 가시화될 것이다. 새 정부 출범과 함께 인프라 투자 등 신규 추진 정책들도 쏟아져 나올 것이다.

24

# 기후변화 - 파리 기후 협정 폐기 - 유엔의 기후변화 프로그램 분담금 단절

트럼프는 2016년 12월 196개국 이상이 서명한 파리기후협정을 취소하겠다고 밝혔다. 아울러 유엔의 기후변화 프로그램들에 대한 미국의 분담금을 모두 끊겠다고 했다. 한 국가가 파리기후협정을 폐기할 수는 없지만, 만약 미국이 탈퇴하거나 버락 오바마 대통령이 약속한 온실가스 감축을 위한 미국 내 조치들을 저버린다면 협정은 중대한 타격을 입게 된다.

트럼프는 화석연료 채굴 확대와 에너지산업에 대한 규제 완화, 미국-캐나다 키스톤 XL 송유관 승인 등을 촉구해왔다.

트럼프는 지난 2012년 기후변화는 중국이 미국의 제조업 경쟁력을 약화하기 위해 지어낸 컨셉이라고 밝혔으며 2014년에도 연달아 기후변화를 중국의 날조극이라고 부인했다.

이후 날조극 표현에 대해서는 농담이었다고 말했으나 경선 기간 파리 협정을 폐기하고 송유관 건설 사업을 승인하는 등 화석연료에 집중한 에너지 구상을 내놓은 바 있다. 전 세계 온실가스 배출량 1위인 중국이 만약 기후협약을 지키지 않을 경우 온실가스 배출량 감축 노력의 실효성은 거의 없는 것으로 전해진다.

**파리협정은 지구 평균 온도가 산업화 이전 수준 대비 2°C 이상, 가능하면 1.5°C 이상 오르지 않도록 당사국이 온실가스 배출 감축 목표치를 나눠 책임지는 것이 골자다. 전 세계 온실가스 배출량 40%를 차지하는 미국과 중국이 비준하면서 협정은 지난 4일 극적으로 발효됐다**[서울=뉴스1, 윤지원 기자, 2016.11.17.].

### ⇨ 송유관 신설 사업과 환경 파괴 논란

환경파괴 논란을 빚어온 미국의 대형 송유관 프로젝트의 빗장이 열릴 것 같다. 트럼프 미국 대통령이 **키스톤 XL 송유관과 다코타 대형 송유관 등** 오바마 대통령이 승인을 거부해온 2대 송유관 신설을 가능하게 하는 행정명령에 서명한다. 환경 · 에너지 문제에서 '오바마 레거시(업적) 지우기'의 신호탄이자 자신의 대선공약 이행으로 풀이된다[워싱턴=연합뉴스, 신지홍 특파원, 2017.1.25.].

**키스톤 XL 프로젝트**는 캐나다 앨버타 주부터 미 네브래스카 주를 잇는 송유관 신설 사업이다. 미국 내 기존 송유관과 연결되면 텍사스 정유시설까지 **캐나다산 원유 수송**이 가능해져 하루 83만 배럴의 원유가 미국으로 흘러들어오게 된다. 그러나 전임 버락 오바마 대통령은 환경오염 우려를 이유로 2015년 11월 이 사업을 불허했다. 이 사업을 추진하려면 캐나다 국경에 걸친 송유관 건설을 위한 대통령 허가가 필요하다.

**다코타 대형송유관** 건설 역시 지난해 말 오바마 정부에 의해 제동이 걸린 사업이다. **미국 4개 주를 가로지르는 1천200마일(1천931㎞)에 달하는 이 송유관 건설은 현재 미주리 저수지 335m 구간을 제외하고는 완성됐다.** 하지만 오바마 정부는 이 송유관이 인디언 보호구역인 스탠딩 록 구역을 지나 문화유적 파괴 우려가 크고 식수원을 오염시킬 수 있다면서 마지막 구간의 건설을 불허한 뒤 포괄적 환경영향평가를 요구했다.

그러나 이 프로젝트 사업자인 **에너지 트랜스퍼 파트너스**(ETP)는 강 밑바닥에 땅굴을 뚫어 식수원 오염과 문화유적 훼손 우려를 피할 수 있다며 반발해왔다. 만약 이 프로젝트가 허용되면 **노스다코타 주 바켄 셰일 유전**에서 생산된 오일이 철도가 아닌 송유관을 통해 하루 57만 배럴까지 동남부 소비지까지 운반될 수 있어 상당한 경제성을 확보할 것으로 전망된다.

### ⇨ 애틀랜틱 선라이즈 셰일가스 파이프라인 확장 실현

미국 내 2위 **가스 파이프라인 업체인 윌리엄스**가 미국 북동부에 있는 **애틀랜틱 선라이즈 셰일가스 파이프라인**을 확장하기 위해 30억 달러(원화 약 3조4440억 원)를 투자하기로 한 프로젝트가 미국 당국으로부터 2년여 만에 승인을 얻었다[이데일리 이정훈 기자, 2017.2.5.].

미국 연방에너지규제위원회(FERC)는 그동안 2년 가까이를 끌어온 윌리엄스의 북동부 셰일가스 파이프라인 확장 프로젝트를 전격 승인했다. 200마일(약 322킬로미터)에 이르는 파이프라인 확장이 현실화하면 700만 가구에 추가로 셰일가스를 공급할 수 있게 된다.

윌리엄스는 확장 프로젝트를 신청한 이후 무려 670일 이상 승인을 기다려왔다. 이 과정에서 윌리엄스와 이 파이프라인을 통해 셰일가스를 수송할 예정이던 캐벗 오일앤가스 주가가 동반 추락했다. FERC에 민주당 추천인사가 늘어나면서 지난 3년간 파이프라인 승인일수는 평균 359일에서 429일로 늘어났었다.

윌리엄스는 앞으로 훨씬 더 늘어나야할 에너지 인프라 프로젝트가 이번에 승인된 것을 기쁘게 생각한다며 2017년 중반쯤 프로젝트 건설을 시작할 것이라고 설명했다. 윌리엄스는 **미국 동부 마르셀러스와 유티카 세일 유전**에서 생산되는 셰일가스를 타 지역으로 운송하는 대표 기업이다. 그동안 이들 유전 지역에서는 원유 생산량에 비해 수송가능용량이 크게 부족한 상태였다.

25

# 작은 정부 지향의 행정명령

도널드 트럼프 대통령이 작은 정부를 지향하는 행정명령에 서명했다. 트럼프 대통령이 서명한 **연방 공무원의 고용과 임금을 동결하는 행정명령에는 군대나 국가안보 또는 공공의 안전을 위해 일하는 공무원들은 제외됐다**. 공직 경험이 없는 아웃사이더인 트럼프 대통령은 대선 기간 워싱턴 정치의 비효율성을 비판하며 즉시 실천에 옮기고 있다[서울=뉴시스, 권성근 기자, 2017.1.24.].

연방정부에 남아 있는 자리가 없다. 제한적인 상황에서 정부 내 새로운 일자리가 생겨날 수는 있을 것이다. 워싱턴DC에서는 오랜 기간 납세자들을 존중하지 않았었다. 대통령의 공무원 동결(행정명령)은 공약대로 미국 납세자들을 존경하겠다는 뜻을 표출한 것이다. 일부 미국인들은 생활 유지를 위해 2~3개의 일을 한다. "필요 없는 일자리를 만들어 워싱턴에서 돈이 낭비되는 것은 세금을 성실히 납부하기 위해 힘들게 일하는 납세자들을 모욕하는 일이다.

공화당도 연방정부 공무원을 동결하는 행정명령을 지지한다. 그러나 사이버 안보 업무를 맡고 있는 미 정보기관들은 새로운 인력을 채울 수 있도록 보장해야 한다고 보고 있다. 미 국방부는 국방부에서 현재 일하고 있는 민간인 신분인 75만명의 직원들은 동결에서 제외되는지 확실치 않다고 밝혔다.

26

# 낙태를 돕는 국제 비정부기구 자금 지원 금지

트럼프 대통령이 낙태를 돕는 국제 비정부기구(NGO)에 대한 자금 지원을 금지하는 행정명령에 서명했다. 하지만 아프리카 등 개발도상국 여성들의 피해를 우려한다. 여러 사업 분야 중 낙태 상담 등이 포함됐다는 이유만으로 미국 정부의 원조가 끊기면 해당 단체가 지원하는 다른 보건 영역까지 차질이 빚어질 수 있다는 점에서다[서울=연합뉴스, 권혜진 기자, 2017.1.25.].

**미국 정부는 현재도 낙태 지원에 관한 예산을 지원하지 않는다. 따라서 국제 보건 관련 단체들은 여러 사업 분야 중 낙태 지원은 다른 예산으로 통용하고, 나머지 사업 분야만 미 정부 예산을 받아 운영한다.**

그러나 미국 정부가 예산 사용처와 관계없이 낙태와 관련이 있는 기구에 대해 예산을 끊어버리면 인간면역결핍바이러스(HIV) 테스트나 신생아 치료, 응급 치료 같은 미 정부 예산으로 운영하던 다른 의료서비스까지 중단될 수 있다.

트럼프 대통령의 행정명령에도 가족계획연맹(PP) 등 일부 NGO는 낙태 지원을 계속하겠다고 밝혔으나 상당수 기구는 낙태 지원을 중단할 전망이다.

이렇게 되면 **사하라이남 아프리카나 아시아 남부 지역 여성** 등 '세계에서 가장 가난한 사람들'이 피해를 보게 된다. 국제가족계획연맹(IPPF)은 "안전하지 못한 낙태로 여성들이 목숨을 잃을 수 있다"고 경고했다.

케냐의 보건 전문가들도 당장 우려를 표했다. 의사가 '응급 치료를 위해 필요하다'고 진단하지 않는 한 낙태가 불법인 **케냐에선 배터리 수은을 마시거나 주술사를 고용해 배 위에서 뛰도록 하는 등 잘못된 낙태 시술이 횡행한다**.

따라서 이들이 유일하게 기댈 수 있던 민간 기구마저 등을 돌리면 안전한 낙태 시술이 불가능한 상황이다. **한해 케냐에서 임신과 출산으로 인한 사망자 수는 8천명인데 이 가운데 5분의 1이 불법 낙태 시술 때문으로 알려졌다**. 아프리카 일부 지역에선 내전 등으로 성폭행 피해로 원치 않는 임신을 하게 되는 여성도 있다. 케냐 나이로비에 있는 아프리카 인구보건리서치센터(APHRC)의 한 연구원은 "이제 일부 여성은 도움을 받을 수 없을 것"이라며 "거대한 재앙에 맞닥뜨리게 됐다"고 말했다.

**트럼프 대통령이 추진하는 낙태 관련 단체 지원금지 정책은 이전에 조지 W. 부시 대통령하에서도 도입됐다**. 2011년 세계보건기구(WHO)가 발간한 보고서에 따르면 당시 이 정책은 아프리카 사하라 이남 지역 국가들의 낙태율 증가만 야기했다. 낙태 지원 단체에 대한 예산이 중단되자 이들 단체가 하던 피임기구 보급도 줄어들었기 때문으로 추정된다.

그러나 트럼프 대통령의 결정을 환영하는 목소리도 있다. 전국생명권위원회의 캐럴 토비아스 위원장은 "개발도상국에서의 태아 살해에 국민 세금을 쓰지 못하도록 한 것"이라고 평가했다.

## 27

# 미국 경제 우선주의

트럼프 대통령은 미국 우선주의(America first) 슬로건을 실천에 옮기고 있다. 트럼프는 자동차 기업을 포함해 많은 기업이 미국으로 돌아올 것을 바라면서 미국은 좋은 협상은 하지 않고 불리하고 나쁜 협상만 하고 있다며 불평등 교역 대상국으로 중국·멕시코·일본을 지목하기도 했다.

트럼프 자신의 요구에 응해 공장 해외 이전을 철회하고 국내 투자 계획을 밝힌 자동차 업체들이 속속 늘어나고 있다. **피아트크라이슬러(FCA)와 포드, GM, 도요타 등 자동차 제조업체는 미국 고용·투자 계획을 발표하거나 향후 미국 경제에 공헌하겠다고 약속했다.**

트럼프는 미국이 너무 많은 일자리를 만들어준' 나라로 멕시코라고 지정하면서 대선 당시 공약이었던 국경세 부과 및 장벽 건설 추진도 재확인했다.

트럼프 당선인의 이 말 한마디에 멕시코 페소화 가치는 기자회견 도중 달러당 22페소선이 무너지며 곤두박질쳤다. 미국 대통령선거일인 지난해 11월8일의 달러 당 18.42페소와 비교하면 16.4%나 빠졌다.

**GM · 포드 · FCA가 지난해 멕시코 자동차 수출에서 차지하는 비율이 49%에 달한 점을 감안하면 트럼프 당선인의 정책으로 멕시코 경제에 타격이 불가피할 것으로 전망했다.**

중국도 트럼프 차기 행정부와의 관계정립에 노심초사하는 모습이다. **중국은 중미 무역과 중국 기업의 미국 투자 등을 통해 미국에서 약 260만개의 일자리가 창출되고 있다며 "대중 무역의 긍정적 측면은 무시되고 부정적 효과만 강조되는 등 중국과의 무역에 대한 평가가 제대로 이뤄지지 않고 있다고 지적했다.**

28

# 트럼프 정부 – 자동차 업체 압박

트럼프 대통령은 미국이 일본에서 차를 팔 경우 일본은 미국 차의 판매를 어렵게 한다고 주장했다. 이를 시정해야 한다고 밝혔다. 트럼프의 으름장에 도쿄 증시의 **도요타 자동차, 닛산자동차, 혼다, 마쓰다** 등 일본 자동차 관련주들이 일제히 하락 장세를 경험했다.

그러나 일본 당국은 트럼프 비판은 오해라고 반박한다. **일본에서는 미국 자동차에 관세가 전혀 없다. 관세 이외의 부분에서도 일본차와 차별적 취급은 하지 않고 있다.**

하지만 트럼프 발언의 진의는 무엇일까. 미국 언론에 의하면 트럼프의 대일본관이 80년대에 머물러있다. 트럼프가 80년대 미일간 무역 분쟁 당시의 일본의 이미지를 지금까지 가지고 있는 것이 이번 발언의 배경이라고 본다.

일본 언론은 일제히 미일 자동차산업 마찰의 역사를 설명하며 트럼프 주장의 부당함을 주장했다. **일본은 6.4%였던 자동차 관세를 1978년에**

철폐했지만, 오히려 미국은 일본차에 2.5%의 관세를 부과하고 있다며 트럼프의 주장은 근거가 없는 것이라고 반박했다.

1970년대~1990년대에 걸쳐 미국과 일본은 장기간에 걸쳐 자동차 분야의 무역마찰을 경험했다. 석유파동 위기 및 달러화 강세에 따라 1978~1979년 미국의 수입차량이 20% 가량 급증한 것을 미일 간 무역마찰의 배경이었다.

이후 미국 자동차사 빅3에서는 해고가 이어졌고, 크라이슬러는 도산위기에 직면하기도 하는 등 미국 제조업에서는 일본에 대한 경계감이 높아졌다는 것이다.

이후 1980년 미국은 미국국제무역위원회(ITC)에 일본 자동차의 수입제한을 요청하는 등 압력을 가했지만, 미국 자동차 메이커의 시름은 깊어만 갔다.

1981년 로널드 레이건 정권 발족 후, 미 정부는 자동차 산업 재건 계획에 나섰으며, 일본 정부는 이러한 미국의 강경 자세에 따라 1984년도까지 미국 수출 자동차 대수를 연간 168만대로 제한한다는 등의 조치를 취했으며, 이러한 조치는 빌 클린턴 정권 당시인 1994년까지 13년간 계속됐다.

미국의 압력에 일본 자동차업계는 미국 현지생산을 진행했다. 혼다자동차가 1982년 오하이오 주에서 현지생산을 시작한 것을 계기로, 도요

**타 자동차와 닛산도 미국에 생산 공장을 건설했다.** 1984년 **도요타와 미국 제네럴모터스(GM)은 캘리포니아 주에서 합병 공장을 설립하는 등 미일 간 자동차 무역 마찰은 종식되는 듯 했다.**

그러나 미국 측은 1989년 미국 현지에서 생산하는 일본 자동차에 미국 산 부품 조달이 적다고 지적하는 등 마찰은 계속됐다.

1992년에는 조지 H.W 부시 당시 미 대통령이 재선을 목표로 미 자동차업계 빅3 수뇌와 함께 일본을 방문해 미야자와 기이치(宮沢喜一) 당시 일본 총리와 자동차 부품 문제를 논의했으며, 이로 인해 일본 자동차 업체들이 미국 산 부품을 구입하기 위해 노력할 것을 약속하기도 했다.

미일 간 자동차업계에 이어져온 이 같은 역사를 볼 때, 미국은 **일본 시장에 대해 규제 및 유통구조의 불투명성, 그리고 차량검사 같은 복잡한 인증 과정 등을 '비관세 장벽'이라고 지적하지만, 일본 시장에서 미국 자동차와 같은 경쟁 조건하에 있는 독일 등 유럽 자동차는 오래도록 인기를 자랑하고 있다는 점이다.** 그러면서 일본 시장에서 미국 자동차가 고전하는 이유는 **디자인과 브랜드파워, 연비 성능 등에 있어서 미국 기업의 노력이 부족**하기 때문이란 게 일본 자동차업계의 일반적 시각이다[서울=뉴시스, 김혜경 기자, 2017.1.25.].

(1) 제너럴모터스; 트럼프는 미국경제에 부담을 준다고 생각하는 기업들을 찾아 기업 때리기를 이어가고 있다. 이번에는 제너럴모터스(GM)를 표적으로 삼았다.

제너럴모터스는 멕시코에서 만들어진 '셰비 크루즈'를 미국의 판매점에 보낼 때 세금을 내지 않는다. 미국에서 (차를) 만들거나 아니면 높은 세금을 물어야 한다[워싱턴=연합뉴스 김세진 특파원, 2017.1.4.].

GM은 지난해 6월부터 소형 승용차 '크루즈'를 멕시코에서 만들어 미국에서 판매해 왔다. GM은 당시 '수요 증가 때문에 이같이 결정했다.

앞서 트럼프는 GM과 더불어 미국의 주요 자동차업체 중 한 곳인 포드에도 생산시설을 멕시코로 이전하지 말라는 압력을 가하며, 멕시코에서 생산되는 포드 자동차에 대해 고율 관세를 매기겠다고 주장했다. 포드와 트럼프의 신경전은 '현재 진행형'이다.

다른 업종에 대한 트럼프의 '기업 때리기'도 물론 있었다. 그는 지난달 초 트위터에 "보잉사가 새로운 747기종의 에어포스원을 만들고 있는데 비용이 통제 불능 수준이다. 40억 달러 이상이다. 주문 취소다"라는 글을 올렸고, 그 뒤 트위터에 "F-35 계획과 비용이 통제 불능"이라고 주장했다. 미국의 차세대 스텔스전투기인 F-35는 록히드 마틴에서 주로 제조한다.

이에 **보잉과 록히드마틴**의 CEO들은 트럼프와 면담한 뒤 '가격 인하'를 이구동성으로 언급했다. 트럼프의 이런 행동에 대해 '그동안 왜곡됐던 가격구조를 바로잡을 계기'라는 기대와 '자유민주국가에서 있을 수 없는 기업 활동에 대한 간섭'이라는 우려가 공존하고 있다고 진단한다.

(2) **토요타자동차**; 도널드 트럼프 당선인이 포드와 제너럴모터스(GM)에 이어 이번엔 일본 토요타자동차의 멕시코 공장 건설을 비판했다. 미국 소비자에게 판매할 자동차는 미국에서 생산해야 한다며 막대한 국경세를 내야 한다고 경고했다.

토요타가 멕시코 바자에 미국 수출용 코롤라 모델을 생산하는 공장은 건설한다고 밝혔지만 절대 안된다며 미국에 공장을 짓거나 막대한 국경세를 납부하라고 강조했다.

토요타는 10억달러를 투자, 멕시코 과나후아토 주에 새로운 공장 건설을 추진하고 있다. 2019년부터 연간 20만대를 생산할 계획이다.

트럼프의 이번 발언은 통상 마찰은 물론 외교 문제로까지 비화할 수 있다고 지적한다. 미국 기업이 아닌 일본 기업의 경영활동에까지 직접적으로 개입한 데다 국경세는 세계무역기구(WTO) 규정에 어긋나기 때문이다.

GM은 지난해 6월부터 소형 승용차 '크루즈'를 멕시코에서 만들어 미국에서 판매해 왔다. 수요 증가로 인해 미국 내 공장 생산량만으로 감당하기 어려웠기 때문이다.

포드는 결국 트럼프의 압박에 멕시코 공장 신설을 백지화하고 미시간 플랫 록 조립공장에 7억 달러를 투자하기로 했다.

이런 추세라면 현대·기아차로도 불똥이 튈 수 있다. 기아차는 지난해 9월 멕시코 공장을 준공하고 이미 생산에 돌입했다. 연간 40만대를 생산해 중남미와 북미 시장 등에 공급할 예정이었다.

현대차 역시 제2공장 신설을 검토하고 있다. 당초 멕시코를 유력한 후보로 검토해 왔지만 트럼프 당선 이후 전면 재검토에 들어간 것으로 알려졌다[머니투데이 뉴욕=서명훈 특파원, 2017.1.6.].

(3) **피아트 크라이슬러**; 트럼프는 앞서 보잉, 록히드마틴, 포드, GM 등을 트위터를 통해 비판한 바 있다. 미국 자동차업계의 빅3 기업인 포드,GM, 피아트 크라이슬러 중 가장 먼저 문제가 됐던 포드는 멕시코로 이전한 일자리 수가 3사 가운데 정작 가장 적은 기업이다.

포드 경우 멕시코 공장에서 일하는 직원이 약 8800명이다. 미국 내 직원은 8만 5000명이다. 이에 비해 크라이슬러는 1만2800명, GM은 1만 5000명이다. 크라이슬러의 미국 내 직원은 5만6900명, GM의 미국내 직원은 9만7000명이다.

미국인 직원 대비 멕시코인 직원 비율을 볼 때 자동차 3사 중 미국인 직원 비중이 가장 적은 크라이슬러가 트럼프의 첫 비판대상이다. 또 지난 3개월 동안 멕시코에서 만들어 미국 내로 들여온 자동차 규모가 이전에 비해 139%나 늘었다.

또 미국 자동차회사 뿐만 아니라 닛산, 폭스바겐 등 외국 자동차 회사들도 멕시코 공장에서 만든 자동차를 미국으로 가져와 판매한다고 전했다. 닛산과 폭스바겐이 멕시코에서 고용한 직원은 총 1만 5000명에 이른다[서울=뉴시스, 오애리 기자, 2017.1.6.].

트럼프는 글로벌 자동차 제조 업계를 상대로 압박하면서 포드에 이어 피아트 크라이슬러까지 미국 내 일자리와 투자를 늘리겠다고 약속했다. 피아트 크라이슬러 자동차는 총 10억 달러(약 1조2천억원)를 들여 2020년까지 미국 미시간주(州)와 오하이오주의 공장 설비를 교체하고 2천명을 추가 고용하겠다고 밝혔다.

피아트 크라이슬러는 이들 공장에서 지프 브랜드의 왜거니어, 그랜드 왜거니어, 트럭 등을 생산한다. 미시간 공장의 설비를 개선한 이후에는 현재 멕시코 살티요 공장에서 생산하고 있는 램 픽업트럭 조립 공정도 이 공장으로 옮겨올 계획이다.

크라이슬러는 지프 라인업을 확대하는 것은 우리 전략의 핵심으로 미국 이외 시장에 성공적으로 침투하겠다고 설명했다. 피아트 크라이슬러는 현재 멕시코에서 7개 제조시설을 두고 램 트럭부터 소형차 피아트 500, 스포츠유틸리티차(SUV)인 닷지 저니 등을 생산하고 있다. 멕시코 내 고용 인력은 총 1만1천800명이 넘는다.

최근 트럼프는 포드와 제너럴모터스(GM) 등 주요 자동차 업체가 멕시코로 자동차 생산시설을 이전한 것을 강도 높게 비판하면서, 멕시코 투자 비중이 높은 피아트 크라이슬러가 압박을 느낀 것으로 보인다. 앞서 포드는 총 16억 달러 규모의 산루이포토시 소형차 생산공장 설립 계획을 취소하고 미시간에 7억 달러를 들여 공장을 짓겠다고 밝힌 바 있다[서울=연합뉴스, 김경윤 기자, 2017.1.9.].

(4) BMW, 아우디폴크스바겐, 피아트크라이슬러, 메르세데스-벤츠; 트럼프는 자국 자동차 산업을 지키기 위해 유럽 완성차 업체들에 대한 압박을 거세게 가하고 있다. 이미 일부 업체가 '백기'를 들고 미국 내 투자 확대 등을 밝혔지만 상당수 독일 완성차 업체가 반발하며, 트럼프 대통령과 독일 완성체 업체들 간 기싸움이 갈수록 치열하다.

트럼프는 BMW가 멕시코 공장을 짓고 멕시코 공장에서 생산한 차를 미국에 수출한다면 35%의 국경세를 내야 할 것이라고 말했다. 그러나 BMW는 트럼프의 '폭탄 관세' 협박에도 멕시코 공장 설립 계획을 수정할 생각이 없다는 입장이다. 이미 미국 사우스캐롤라이나 스파턴버그에 위치한 BMW 공장이 세계 최대 규모로 지난해 기준 41만1000대의 차량을 생산했을 뿐 아니라 8800개의 일자리를 창출했다는 것이다.

또 2018년 BMW X 생산에 맞춰 10억 달러를 추가로 투자할 계획인 만큼 BMW 측은 "자사가 미국에 상당한 헌신을 했다"고 보고 있다. 아우디폴크스바겐도 멕시코 공장을 포기할 수 없긴 마찬가지다. 멕시코 현지에서 2015년 기준 1만6500명의 직원이 34만5000대의 엔진 및 자동차를 생산하고 있다.

물론 트럼프 대통령의 향후 행보에 따라 독일 완성차 업체들이 입장을 선회할 여지도 남아있다. 자동차 전문매체 워즈오토에 따르면 독일 자동차 업체들이 지난해 미국에서만 판매한 자동차 대수가 130만대.

이는 해당 기업들의 신규 자동차 판매량의 7.6%에 달한다. 피아트크라이슬러는 트럼프의 압박에 일찌감치 픽업트럭과 새로운 지프모델을 생산할 미국 공장에 10억달러를 투자하기로 약속했고, 메르세데스-벤츠의 모기업 다임러의 디터 제체 CEO도 미국 앨라배마 공장 생산 확대에 13억달러를 추가 투자할 계획이다. 실제 폭스바겐도 한편으론 미국에 70억 달러의 중장기 투자계획을 밝혔다[박혜림 기자, 해럴드 경제, 2017.1.31.].

(5) **독일 폭스바겐 전기자동차 보급 확대**; 독일 폭스바겐이 20억 달러(약 2조3000억원)를 출자해 미국에서 전기차의 보급을 확대하고 홍보하는 사업을 벌일 자회사를 설립했다. 이는 지난해 6월 미국 환경청과 디젤차 배기가스 조작 스캔들을 화의로 끝내며 청정 자동차 보급 촉진 사업에 투자하겠다고 약속한 데 따른 것이다[이데일리 차예지 기자, 2017.2.8.].

폭스바겐은 신설 자회사인 '일렉트리파이 아메리카'를 통해 미국 각지에 500곳 이상의 전기차 충전소를 신설하고 유지하는 사업에 투자하기로 했다.

**일렉트리파이 아메리카**는 이와 함께 미국의 15개 대도시에 300여개의 충전기를 설치하고 전기차에 대한 인식을 제고하기 위한 공익 광고도 할 예정이다.

폭스바겐은 앞으로 10년 동안 전기차 보급을 지원하기 위해 캘리포니아 주에서 8억 달러, 그 외의 주에서 12억 달러 등 모두 20억 달러를 투자하기로 했다. 캘리포니아 주 정부에 큰 몫이 배정된 것은 이 지역

당국자들이 폴크스바겐의 배출가스 조작을 적발했기 때문이다.

자금 집행은 회사 측에서 관리하며 미국 환경청과 캘리포니아 주 환경위원회의 승인을 받아야 한다. 또 신설 자회사는 30개월 단위로 모두 4차례에 걸쳐 사업계획을 밝힐 예정이다.

또, 폭스바겐은 미국에서 2015년 말부터 디젤자동차 판매를 중단했으며 이를 판매 재개할 계획은 없다고 밝혔다. 폭스바겐 측은 첫 번째 사업계획의 초안을 오는 22일까지 미 당국에 제출해야 한다.

(6) **현대 · 기아차그룹**; 현대자동차는 지난달 17일 5년간 31억달러(약 3조5천600억원)에 달하는 대규모 미국 투자 계획을 밝히면서 일단 트럼프의 '예봉'은 피한 것으로 평가받는다. 그러나 문제는 여기에 미래 신기술 연구개발(R&D)과 기존 생산시설 환경개선 투자만 포함돼 있을 뿐, 신규 공장 건립은 빠져 있다는 사실이다.

현대차는 "올해부터 2021년까지 향후 5년간 미국에 31억 달러를 투자하겠다"고 밝혔다. 이 같은 투자 금액은 현대차가 지난 5년간 미국 시장에 투입한 규모보다 10억 달러가량 많은 액수다.

현대차와 기아차는 이미 미국에 각각 앨라배마 공장과 조지아 공장을 운영 중이다. 2005년 완공된 앨라배마 공장은 쏘나타, 아반떼, 싼타페 등 3종을 생산하며 연간 37만대의 생산능력을 보유하고 있다. 2010년 준공한 조지아 공장은 K5, 쏘렌토 2종으로 연간 34만대를 생산한다.

현대 · 기아차는 현재 미국에 연간 140만대의 자동차를 판매하고 있다. 이 가운데 70여만대는 이처럼 현지 공장에서 생산하고 나머지는 한국에서 수출하는 구조다. 만약 현대차가 미국 신규 공장을 건설하게 되면 국내에서 현지로 가는 수출 물량이 줄어들고 이는 곧 국내 생산 설비 감축으로 이어질 우려가 있는 것이다.

미국 자동차 시장은 장기적으로 볼 때 수요가 늘어나는 곳이 아니라는 점도 고민거리다. 여기에 기아차도 멕시코 신규 공장과 관련해 곤란한 상황에 처했다. 올해부터 멕시코 신규 공장을 본격 가동할 방침이지만 트럼프 대통령의 북미자유무역협정(NAFTA · 나프타) 재협상 계획과 멕시코산 제품에 대한 고율의 국경세 부과 방침 등이 난관으로 떠올랐기 때문이다.

(7) **한국 기업체**; 트럼프 미국 대통령은 강력한 보호무역주의를 앞세워 미국 내 공장 건설 등 통상 압박 수위를 높여가고 있다. 트럼프 압박이 노골적으로 가시화하면서 삼성전자, LG전자, 현대 · 기아차 등 우리나라 글로벌 기업도 깊은 고민에 빠졌다[서울=연합뉴스, 김영현 김연숙 기자, 2017.2.4.].

트럼프의 요구를 무시하자니 관세 등 보복이 두렵고, 압박에 못 이겨 현지에 공장을 건설하자니 임금 등 고비용 문제가 발목을 잡고 있다. 트럼프 대통령은 자신의 트위터 계정에 고마워요 삼성! 당신과 함께하고 싶다(Thank you, Samsung! We would love to have you!)라고 썼다.

삼성전자가 미국에 공장을 지을 수도 있다는 미국 온라인 매체 악시 오스(Axios)를 보고 트윗을 한 것이다. 국내외 매체를 비롯해 트럼프 대통령까지 직접 사안을 챙기는 모습을 보이자 삼성은 좌불안석이다. 사실 여부와 관계없이 그의 관심 자체가 삼성에는 일종의 압박 카드로 작용할 수 있기 때문이다.

실제로 삼성전자는 조심스럽게 현지에 용지를 물색 중인 것으로 알려졌다. 미국 앨라배마와 사우스캐롤라이나주를 포함해 몇 개 주와 냉장고 및 세탁기 등 가전제품 생산 공장 건립을 놓고 교섭 중인 것으로 전해졌다.

가전 공장의 특성상, 용지가 정해지고 나고 나면 공장 착공부터 가동까지는 1년 이내면 가능할 것으로 보인다. 업계에서는 삼성이 빠르면 내년 가동을 목표로 하고 있다는 관측도 나온다.

다만 채산성을 비롯해 복잡한 계산이 필요한 만큼 아직은 따져봐야할 게 많다는 분위기도 있다. 특히 인건비 비중이 높은 가전 공장을 인력이 매우 비싼 미국에 짓는 것은 따져볼 게 많다는 설명이다. 기껏 제품을 만들었는데 손해를 보면서 팔아야 하는 것 아니냐는 우려도 나온다.

삼성이 미국에 수출하는 TV 물량 대부분은 멕시코 티후아나 공장에서 제조된다. 냉장고 등 가전은 멕시코 게레타로 기지에서 만들어진다.

트럼프 정부가 북미자유무역협정(NAFTA)에 손을 대고 멕시코에서 유입되는 공산품에 보복관세를 물린다면 직접적인 타격을 받을 수밖에 없는 구조다.

삼성은 "미국은 삼성에 매우 중요한 시장으로, 지금까지 텍사스 오스틴 반도체 공장에 약 170억달러를 투자해왔다"며 "앞으로도 소비자를 위해 미국 내 새로운 투자 필요성 여부를 계속 검토하고 있다"고 공식 입장을 밝혔다.

LG전자 역시 같은 고민을 하고 있다. 조성진 LG전자 부회장은 지난달 초 "수입해 판매하는 사람은 불이익을 당할 수밖에 없는 상황에서 넋 놓고 있을 수 없다"며 올해 상반기 중 미국 내 생산공장 건설 여부를 결정할 것이라고 말했다. 공장 후보지로는 테네시주 등 한두 곳을 검토하는 것으로 알려졌다.

# 29

# 알리바바의 마윈 회장 – 손정의 소프트뱅크 회장

중국 온라인상거래업체인 알리바바의 마윈(馬雲) 회장이 도널드 트럼프 미국 대통령과 만나 알리바바를 통한 미국 소기업들의 중국 진출을 논의했다. 이를 통해 미국에서 일자리 100만 개를 창출하겠다는 계획이다.

미국의 소기업이 알리바바를 통해 중국에서 제품을 판매할 수 있는 통로를 만들어 미국에서 100만 개의 일자리를 만들기를 기대한다.

마 회장은 "미국의 소기업과 농부들이 알리바바의 플랫폼을 통해 중국과 아시아에 제품을 팔도록 지원하는 방안을 논의했다. 특히 중서부 지역의 100만 소기업이 중국과 아시아에 물건을 판매하도록 어떻게 지원할지를 중점적으로 논의했다.

알리바바는 미국 소기업과 농부들이 중국의 3억 중산층에게 제품을 판매함으로써 미국 내 일자리 창출이 이뤄지기 바란다고 밝혔다. 또 미국 중서부 지역에 있는 소기업 1만5000~2만 곳과 면담을 가질 계획도 구상 중이다.

트럼프는 중국이 불공정한 무역을 하고 있다면서 45%의 관세 부과 등을 주장했고, 하나의 중국 원칙을 흔드는 듯한 발언으로 중국을 자극했다. 이런 가운데 트럼프 당선인이 중국을 대표하는 기업가와 만났다는 점에 관심이 쏠렸다. 이 같은 분위기를 염두 한 듯 마 회장은 중국과 미국의 관계가 더욱 우호적이고 공고해져야 한다고 강조했다.

트럼프는 손정의 소프트뱅크 회장을 만나 500억 달러 투자 및 일자리 5만 개 창출을 논의한 바 있다. 트럼프와 면담한 손정의 회장이 5만 개 일자리 약속한 것과 비교하면 마윈 회장의 투자 계획은 최대 규모다.

알리바바는 중국의 인터넷 플러스 전략에서 가장 활발한 역할을 하고 있다. 알리바바가 미국에서 성공하면 중·미 양국의 경제는 더 긴밀해질 것이고 양대 경제대국도 윈-윈(win-win) 할 수 있을 것으로 관측했다 [베이징|박은경 특파원, 경향신문, 2017.1.10.].

30

# 미국의 제약 산업

도널드 트럼프 대통령은 제약업계가 제도적 허점을 이용, 폭리를 취하는 일을 반드시 바로잡겠다고 천명했다[서울=연합뉴스 최병국 기자, 2017.1.12].

제약업계는 무수하게 로비하고, 많은 로비스트를 두고, 큰 힘을 갖고 있다. 이로 인해 제대로 된 경쟁 입찰이 이뤄지지 않고 미국 정부는 세계 최대의 약 구매자임에도 적절한 가격에 공급받지 못하고 있다.

정부는 협상을 시작할 것이며, 일정 기간 안에 수십억 달러를 절감할 것이다. 그러나 미국 연방법률은 정부가 제약회사들과 직접 협상해 가격을 내리는 것을 금지하고 있다.

세계에서 미국 의료비와 약값이 가장 비싸다는 불만이 누적된 차에 제약회사들이 터무니없이 약값을 올리는 사건 등이 줄줄이 불거지며 국민적 공분이 일고 있다.

공화당은 규제 강화보다는 산업 육성에 방점을 뒀으나 트럼프는 강력한 규제를 공약했다. 그런데 지난해 11월 트럼프가 당선한 직후 제약·바이오주가는 연일 폭등했다. 트럼프의 발언이 '선거용'인 측면이 강하다는 해석과 함께 중요 규제방안 상당수가 의회 입법 및 심의가 필요한데 공화당이 상·하원 모두 지배하게 돼 오히려 업계엔 유리할 수 있다는 기대감이 작용했기 때문이다.

그러나 트럼프가 제약업계의 문제점을 재차 강력 비판하면서 규제정책 도입을 분명히 하자 업계로선 바짝 긴장할 수밖에 없다. 미국제약협회와 바이오산업협회 등은 미국 경쟁력 향상과 미국인 일자리 보호를 위해 트럼프 정부 및 의회와 협력하겠다하면서 에둘러 규제 보다 육성과 지원을 요청했다.

그럼에도 공적 건강보호제도인 메디케어에 가격협상권을 부여하는 것만으로는 가격 인하에 한계가 있다는 지적들이 나오고 있다.

한편, 트럼프는 제약업체들이 미국인에게 약을 팔면서, 생산은 미국에서 하지 않고 조세회피 등을 노려 해외로 공장을 옮기고 있다고 공격했다. 업계 관계자들은 미국 제약산업의 해외 아웃소싱은 그리 쉽지 않을 것으로 보고 있다.

아시아 국가들의 제조비용이 훨씬 싸서다. 일부 약품은 선진국 비해 5분이 1 값이다. 현재 미국은 일반 의약품, 특히 복제약 원료나 생산을 인도와 중국 등에, 바이오의약품의 경우 한국과 싱가포르 등에 의존하고 있다. 생산 및 품질 관리가 뒤떨어지는 미국 업체들도 많은 실정이다. 법을 바꿔서 외국의 싼 약도 수입하겠다며 추진하는 약값 인하라는 목표가 자국 제조업과 일자리 보호라는 다른 목표와 충돌하는 셈이다.

31

# 미국 우선주의 - 미국 경제의 막강한 흡수력

트럼프는 우리 공장이 사라지는 등 미국인이 빈민가에 머무는 대학살(carnage)은 여기서 멈춰야 한다고 선언했다. 그는 미국이 세계 최대 군사·경제 대국으로서의 위상이 허물어져 가는 것을 더 이상 방관할 수 없다는 것이다.

그는 멕시코가 포함된 북미자유무역협정(NAFTA) 재협상을 선언했고 일본이 포함된 환태평양경제동반자협정(TPP) 폐기를 위한 행정명령에 서명했다. 막대한 무역흑자를 내는 중국과 독일, 일본을 콕 집어 '환율조작국'이라며 맹비난을 퍼부었다. 미국의 주요 적자국은 중국과 캐나다, 멕시코, 일본, 독일, 한국 등 제조업 강국들이다.

미국에 투자하지 않으면 대신 무거운 세금을 내라는 트럼프의 엄포에 멕시코 등 해외에 생산 공장을 짓기로 했던 현대 기아차·도요타·피아트크라이슬러·애플 등은 대규모 미국투자를 약속하며 백기 투항했다.

**미국의 트럼프 대통령은 미국 제조업이 강한 나라인데도 왜 다른 제조업 강국들에 화가 났을까. 미국은 거대한 규모의 내수(국내소비·투자)에 기초한 경제구조를 가진 나라이다. 미국의 전체 경제규모는 2016년 국내총생산물(GDP) 기준 18억5,619억 달러로 세계에서 가장 큰 규모를 자랑하고 GDP 총수요 중에서 내수가 차지하는 비중은 70%에 달할 만큼 자주 독립적인 경제이다.**

**이 때문에 미국은 엄청난 세계 상품을 빨아(수입)들이는 흡인력을 갖추고 있다. 미국이 수입한 금액은 2015년 2조2,416억 달러. 우리나라 수출액(2015년 기준·5,267억 달러)의 네 배, 경제규모(2016년 기준·1조4,044억 달러)보다도 크다**[한국무역협회].

미국은 수입액 가운데 21.5%(4,818억달러)를 중국에서 들여오고 있다. NAFTA 회원국인 캐나다(13.2%)와 멕시코(13.1%)까지 합하면 중국·캐나다·멕시코에서만 전체의 절반(47.8%)을 수입하고 있다.

수입 4위국은 일본(5.8%), 5위는 독일(5.5%), 6위는 한국(3.2%)이다. 2015년 미국은 중국에서 3,656억 달러, 독일(741억 달러)과 일본(686억 달러), 멕시코(483억 달러), 한국(283억 달러)에서도 큰 무역적자를 기록했다. 미국은 이 국가들에서 자동차(1위)와 전자기기(2위) 등을 주로 수입하고 있다.

**문제는 미국이 다른 나라의 물품을 사는데 엄청난 돈을 썼지만 정작 미국인의 일자리나 양극화는 해결되지 않았다는 점이다. 그 동안 미국**

**의 실물경제(생산과 고용 시장경제)의 활동은 미국 이외의 제조업 강국들만 배불러 주는 사이 미국경제는 빈곤과 실업만 양산했다고 보는 것이다.**

**미국의 빈곤층 인구는 전체(약 3억2,400만명)의 13.5%에 달하는 4,300만명에 이르고 이 가운데 어린이 빈곤층만 1,400만명에 달한다.** 미국의 상대적 빈곤율은 2013년 17.2%에서 2014년 17.5%로 더 악화됐다[세계은행]. 상대적 빈곤율은 인구를 소득 순으로 나열했을 때 정 가운데 있는 소득인 중위소득의 절반(50%)에 못 미치는 비율을 말한다. **상대적 빈곤율이 17.5%라는 말은 중위소득이 2만 달러일 때 소득이 1만 달러 미만인 사람의 비율이 17.5%라는 얘기다.**

소득 양극화도 고착됐다. 미국 전체 소득에서 저소득층인 하위 20%가 가져간 비율은 2004년(5.15%), 2013년(5.1%)이나 나아지지 않았다. **상대적 고소득층인 상위 20%의 소득점유율도 2004년(46.01%)과 2013년(46.44%)이 거의 동일하다.**

**양극화로 인한 사회보장성 지출이 늘어나며 미국정부의 채무는 급증하고 있다.** 2008년 금융위기 이후 미국의 국가채무는 8년간 약 2배 증가해 GDP의 100%를 넘어선 19조 달러로 치솟았다. 2015년 재정적자는 4,380억 달러, 지난해는 1,485억 달러(33.8%) 더 늘어난 5,874억 달러를 기록했다[미국 재무부 금융관리국].

**특히 미국은 전체 예산에서 사회보장 등 의무지출 비중이 크게 뛰는**

**추세다**. 2015년 의무지출 비중은 2조3,000억 달러에 육박한다. 이 가운데 **사회보장 지출**은 8,820억 달러, **노인의료보험인 메디케어 지출**은 6,340억 달러를 기록했다. 특히 저소득층을 위한 **영양보조프로그램 지출**(SNAP)은 2007년 350억 달러에서 지난해 750억 달러, 65세 미만의 저소득층과 장애인을 위한 **의료보조프로그램인 메디케이드**는 지출이 2007년 1,900억 달러 선에서 지난해 3,940억달러까지 뛰었다[미국 의회 예산국(CBO) 분석].

**미국의 의무지출**이 2026년까지 연평균 5.5% 증가해 4조1,000억 달러로 늘어날 것으로 내다봤다. **사회보장 지출**은 현재보다 두 배 늘어난 1조6,000억 달러, **메디케이드**는 6,480억 달러에 육박할 예정이다. 2027년에 **미국은 재정 적자**가 무려 10조 달러(약 1경 1,695조 원)로 증가할 전망이다[미국 의회 예산국(CBO) 분석].

**트럼프가 미국 우선주의 사고를 갖게 된 배경으로는 문제의 근원적인 원인이 일자리에 있다고 보고 있다. 미국은 우리나라처럼 전 국민이 가입하는 국민건강보험이 없다. 대신 직장을 가지면 직장에서 의료보험을 들어준다. 직업이 없으면 소득이 사라지는 것은 물론 의료복지 혜택에서도 제외된다.**

미국의 사회보장과 의료보험 지출이 늘어난 이유는 고용률만 봐도 나타난다. 2000년 미국의 고용률은 74%에 달했지만 2011년 66.6%까지 하락했고 현재는 68% 수준을 유지하고 있다.

트럼프는 2008년 금융위기 이후 미국의 제조업에서만 일자리 30만개가 사라졌고 각 사업장에서의 미국인 비율이 1970년대 이후 최저로 떨어졌으며 국가 부채는 2배가 됐다고 게시했다.

반면 미국에 수출을 많이 한 한국은 2004년 고용률이 61.5%에서 2015년 65.7%로 뛰었고 일본도 68.9%에서 73.3%로 늘었다. 캐나다도 67.5%에서 72.5%로 독일도 64.6%에서 74%로 증가했다.

**트럼프의 메시지는 간단하다. 이제 미국이 손해 보며 돈을 쓰는 시대는 끝났다는 선언이다. 팔고 싶으면 미국에 들어와서 미국인을 고용해서 잘 살게 하고, 아니면 높은 세금을 내라는 요구다.**

**공공경제가 민간 경제를 침식하는 것을 싫어하는 미국 풍토를 고려할 때, 미국에서 생기는 일자리의 10%가 국가가 돈을 쓰는 공공일자리에 국가 돈은 엄청 들어가지만 임금도 낮고 지속가능성도 적다고 판단하고 있으며 거기다 재정적자가 심화되고 국내적 혼란을 해결할 기폭제로 트럼프는 민간기업이 만드는 일자리를 선택한 것이다**[세종=구경우기자, 서울경제, 2017.2.4.].

32

# 군사력 강화 – 동맹국 연대 강화 – 방위분담금 관철

트럼프 정부는 우리 군대를 다시 강하게(Making Our Military Strong Again)하자는 목표를 향해 북한의 핵·미사일 위협에 대비한 최첨단 미사일 방어시스템 개발 계획을 공개했다[워싱턴=연합뉴스, 심인성 특파원, 2017.1.21.].

국방 시퀘스터(자동예산삭감 조치)를 끝내고, 우리 군대를 재건할 계획이 담긴 새 예산안을 의회에 제출한다. 특히 이란, 북한과 같은 국가들의 미사일 공격에 대비하기 위해 최첨단 미사일 방어시스템을 개발할 것이다. 미국은 현시점에서 저지하지 않으면 북한이 결국 미 서부 해안을 타격할 수 있는 핵미사일을 개발할 수 있다는 것을 우려한다.

트럼프 정부는 현재 핵미사일 개발을 막기 위해 대북 선제타격론도 옵션에서 배제하지 않는 등 북한에 대해 강경 입장을 취하고 있다.

**트럼프 대통령은 동맹강화 입장을 천명하면서도 지금처럼 미국이 거액을 들여 다른 나라를 방어하는 시스템에 부정적 입장을 보이고 있다. 트럼프 정부는 미국의 이익을 최우선시하는 것은 모든 나라의 권리라는 이해를 바탕으로 실천할 것이다.**

미국은 오랜 동맹을 강화하고 새로운 동맹을 형성할 것이다. 그리고 극단 이슬람 테러리즘에 맞서 문명화된 세계를 단합해 이를 지구상에서 완전히 뿌리 뽑을 것이다. **이슬람국가(IS) 테러를 비롯해 점증하는 다방면의 글로벌 위협에 맞서는 데 있어 동맹을 중심으로 단합하겠지만, 이 또한 어디까지나 미국 우선주의(America First)에 입각해 추진할 것이다.**

실제 트럼프 대통령은 수십 년간 우리는 미국 산업을 희생한 대가로 외국 산업의 배를 불렸으며 다른 나라의 군대에 보조금을 지급했지만, 우리 군대는 매우 애석하게도 고갈되도록 했다. 우리는 다른 나라의 국경을 지켰지만, 우리나라 국경은 지키지 않았다는 비판적인 발언을 쏟아냈다.

트럼프 대통령은 대선 기간 줄기차게 유럽과 아시아의 주요 동맹들이 돈을 많이 벌면서도 방위비는 쥐꼬리만큼만 낸다고 주장하면서 정당한 몫을 내지 않는 동맹에는 극단적인 경우 미군철수 등의 조치를 취할 수 있다고 경고해 왔다.

트럼프 대통령은 오래전부터 나토에 문제가 있다고 말해왔다. 그중 첫 번째는 시대에 뒤처진 것이라는 점이다. 아주 오래전에 만들어졌기 때문이다. 두 번째로 큰 문제는 국가(나토 회원국)들이 공평한 분담을 하지 않고 있다는 것이다. 이는 미국에 매우 불공평한 것으로, 내야 할 돈을 내는 곳은 5개국뿐이라는 점이다.

사이버 전쟁과 관련해서는 우리는 국가 안보기밀과 시스템을 보호하기 위해 모든 조치를 다 할 것이다. 미국은 사이버 사령부를 중심으로 사이버 방어 및 공격 능력 개발을 우선 과제 중 하나로 삼고 이 분야에서 복무할 최정예 인재들을 모으겠다고 강조했다. 미국은 현재 중국, 러시아, 이란 등과 함께 북한을 사이버 공격을 감행하는 주요 국가 중 하나로 보고 있다[워싱턴=연합뉴스, 심인성 특파원, 2017.1.21.].

33

# 팍스 아메리카나는 끝났다?

트럼프 시대는 가까운 장래에 독립적인 미국으로 돌아갈 것이다. 도널드 트럼프 행정부의 미국 우선주의는 국제사회에서 미국의 선도적 역할을 중시하는 팍스 아메리카나(Pax Americana)를 포기하겠다는 뜻으로 해석하기도 한다.

이는 1945년 제2차 세계대전 이후 팍스 아메리카나가 구축한 국제주의 · 자유무역 세계질서에도 변화를 가져올 것으로 예상된다. 그러나 트럼프는 미국 우선주의를 내 세워 과거와 별 다름 없는 트럼프 식 패권주의를 계속 유지할 것으로 보인다.

사실 트럼프주의(Trumpism)로 대표되는 미국의 고립주의 경향으로 이미 확인된 바 있다. 실제로 미국인 다수는 국제 문제에 대한 관심을 줄이고, 국내 문제에 집중할 것을 주문하고 있다.

빈부 격차 악화와 실업 증가, 이민에 따른 인종 · 문화적 갈등 심화 등이 반(反)세계화 정서에 불을 지핀 상태에서 2015년 6월 찰스턴 흑인 교회 총기 난사와 같은 해 12월 샌버나디노 총기 테러, 지난해 6월 올랜도 나이트클럽 총기 난사 사건 등까지 잇따라 터지면서 미국인의 불안감은 더욱 커졌다.

이것이 반(反)이민, 반무슬림 목소리를 높인 트럼프가 지난해 11월 대선에서 상대적 박탈감과 정치적 소외감을 느끼는 백인 노동계층 남성들의 압도적 지지를 바탕으로 승리할 수 있었던 이유였다.

트럼프가 대통령에 당선된 것은 **세계화에 반발하는 포퓰리즘 발호**뿐 아니라, 미국이 **전후 구축한 안보 동맹과 자유무역 질서로 대변되는 팍스 아메리카나의 종식**을 의미하는 것일 수 있다고 진단한다.

하지만 트럼프가 주창하는 외교정책을 신(新)고립주의라고 단정하기는 쉽지 않다. 트럼프가 동맹인 나토(북대서양조약기구)를 무용지물이라고 비판하고, 한국 · 일본 · 독일 등 동맹국에 주둔 미군 방위비 분담금을 인상하라고 요구하면서 미군 철수까지 시사한다는 점은 고립주의 특징으로 판단할 수 있다.

**그러나 국방예산을 확대하겠다는 공약은 고립주의보다 개입주의에 더 가깝다**. 트럼프는 이슬람 극단주의단체 이슬람국가(IS)에 대해서도 폭격을 가하는 힘의 외교를 구사하겠다는 강력한 응징 노선을 밝힌 바 있다.

**미국은 이제 강한 대통령을 표방하면서 미국의 국가 이해에 더 초점**

**을 맞추겠다고 밝히고 있다는 점에서 트럼프는 고립주의자가 아니라 일방주의자라고 밝힌 것도 이 때문이다.**

문제는 가늠하기 어려운 트럼프 외교정책 향방이 전 세계적 불안정성을 낳고 있다는 점이다. 특히 트럼프가 전통적 동맹인 유럽에 대해 의구심을 나타내는 것을 볼 때, **트럼프가 전후 질서의 국제주의 · 자유무역이라는 양대 기둥을 흔들면서 미국의 국방, 경제체질을 공고히 다듬질하고 있다는 점이다**[미국 정치 컨설팅업체 유라시아그룹; 2017년 주요 위협(Top Risk)/ 워싱턴 = 신보영 특파원, 문화일보, 2017.1.19.].

34

# 미국시민들이 분노하는 이유

트럼프가 기존 정치 질서를 타파하고, 변화를 통해 희망을 찾으려는 미국 유권자의 욕구를 자극했다. 트럼프가 특히 자국 우선주의 성향의 백인 유권자에게 호소력 있게 다가간 것이 승인으로 작용했다. 트럼프의 **보수 포퓰리즘**이 유권자의 마음을 샀고 무엇보다 기성 질서에 **분노한 앵그리 화이트를 결집하는 미국 우선주의 구호**가 위력을 발휘했다.

2016년 미국 대선에서 나타난 가장 두드러진 특징은 미국 사회에 빈부 격차와 계층의 벽이 얼마나 심각한가를 단적으로 부각된 점이다. 이것은 미국의 소외된 집단이 분노케 만든 미국 자본주의의 어두운 단면을 보여주었다.

올해 미국 대선에서 도널드 트럼프는 공화당이 키운 괴물로 등장했다. 공화당 지도부가 트럼프를 낙마시키려고 애를 썼지만, 인종주의를 내세우는 트럼프가 돌풍을 일으키고 있는 것은 인종주의에 편승해 이민자를 배척해온 공화당 지도부의 자업자득이란 분석이 있다.

**실제로 미국에서 가장 분노한 계층은 백인 블루칼라이다. 이들은 일자리를 빼앗는 이민자를 쫓아내자고 유세하는 트럼프를 지지하는 가장 강한 결집도를 보여주고 있다.**

그러나 이번 대선과정에서 돌풍을 일으킨 버니 샌더스 후보가 보여주듯, **미국에서 분노에 찬 계층들은 백인 블루칼라만이 아니다.**

큰 맥락에서 보면 '트럼프 현상'과 '샌더스 현상'의 배경에는 신자유주의적인 세계화가 있다. **신자유주의 체제는 결국 국경을 넘나드는 초국가적 자본과 1%의 부자를 위한 정책이며,** 미국 양당의 경제 정책은 모두 마찬가지라는 점에서, **박탈감을 느낀 대중의 분노가 깔려있다고 분석한다. 이들을 가장 참을 수 없게 만드는 점은 미래가 보이지 않는다는 점이다.**

지금 미국에서는 새로운 계급 전쟁이 벌어지고 있다고 경고한다. 미국에서 계급 전쟁에 나선 이들은 성장의 혜택을 받지 못했다고 느끼는 사람들이다.

그런데 이건 느낌이 아니다. 통계에서도 확인되고 있다. 오늘날 미국에서 가장 큰 경제적 현안은 **사회 전반에 걸쳐있는 경제적 불안감과 급격히 악화되고 있는 소득 불평등**이라고 말한다.

이 두 가지 문제는 미국 시민들에게 최대 현안이 된 문제들이다. 분석자들의 위험 계산기(risk calculator)개발은 향후 5년, 10년, 15년 뒤 빈곤층이 될 확률을 알려주는 계산기다. 1968년부터 지금까지 미국인들의

**인종, 혼인 여부, 나이에 따른 소득 분포 데이터를 사용해서 "당신의 소득이 향후 5년, 10년, 15년 사이에 정부의 공식 빈곤선 이하로 떨어질 확률"을 계산하는 것이다.** 2015년 기준 미국의 4인 가구의 빈곤선은 연간 2만4000달러(약 2800만 원)다.

계산기에 따른 결론은 현재 많은 미국인들이 빈곤층이 될 위험이 결코 적지 않다는 것이다. 미국에서 **상대적으로 빈곤층이 될 확률이 가장 적은 조건을 갖춘 집단은 30대 후반, 백인, 미혼, 고졸 이상의 조건을 갖춘 사람들이다.**

**하지만 이들조차 15년 뒤에 빈곤층이 될 확률이 무려 32퍼센트나 된다.** 상대적으로 빈곤층이 될 확률이 가장 적다는 집단에 속한다고 해도, 3분의 1 정도는 최소 1년이라도 멀지 않은 장래에 빈곤선 이하로 떨어지는 경험을 하게 된다는 것이다.

**성인으로 생존할 기간을 더 넓게 잡으면 미국인 대다수가 빈곤을 경험할 것으로 나타났다.** 20~75세의 연령대에서 60퍼센트 정도가 최소 1년은 정부의 공식 빈곤선 밑으로 떨어질 것이며, 4분의 3은 빈곤선의 150퍼센트 이하인 '상대적 빈곤층'으로서 최소 1년은 살아갈 것으로 추정됐다.

**흥미로운 또 다른 사실은 "인종, 교육, 혼인 여부, 연령"이 빈곤을 겪을 확률에 큰 차이를 가져오는 변수로 작용한다는 것이다.** 예를 들어, 45~49세 나이의 백인이며 결혼을 했고, 고졸 이상의 학력을 가진 미국인이 5년 뒤에 빈곤을 겪을 확률은 5퍼센트에 불과했다. 반면 25~29세의 나이에 백인이 아니며, 비혼, 그리고 고졸 이하의 학력을 가진 미국인이 5년 뒤에 빈곤을 겪을 확률은 무려 72퍼센트에 달했다.

**미국에서 이처럼 가진 자와 못 가진 자의 격차는 수 십 년 사이에 확대됐다. 이 계산기에 따르면 미국의 집단별 소득 격차가 미래에 더 크게 벌어질 것으로 예상됐다.**

미국에서 비백인 비율이 늘어나고 있는데 많은 젊은이들이 비싸진 학비로 고등교육을 받지 못하고, 결혼 비용 부담이 커지면서 결혼도 못하는 경우가 늘고 있다. 이에 따라 빈곤을 겪을 인구의 비율도 늘어날 수밖에 없다는 것이다.

**이들 집단에게 노동시장에서의 진입 장벽도 높아지고 있다. 게다가 건강보험, 주택, 교육개혁 등 미국의 사회정책은 미국 사회에 고착화된 체계적인 불평등을 해소하는 데 기여하지 못하고 있다.**

**미국은 인구의 일부만 경제적 위험으로부터 자유롭고, 대다수의 미국인들은 빈곤을 삶의 정상적인 요소로 받아들여야 하는 경제적으로 양극화된 사회가 될 위험에 처해 있다고 경고한다.**

나아가 빈곤 계산기에 따르면 미국인들은 처음으로 자신의 경제적 취약도를 직접 측정해 보면 사람들이 정신이 번쩍 들어, 행동에 나설 수밖에 없다는 것이다[워싱턴대학교의 사회학 교수 마크 랭크와 코넬대학교 개발사회학 교수 토머스 허슐의 공동연구 결과 / 프레시안, 이승선 기자, 2016.3.22.].

35

# 중동 – 시리아 전쟁 – 터키 관계 – 우크라이나 전쟁

도널드 트럼프 당선으로 가장 크게 이득을 보는 것은 미국과 유럽 등 서방과 사사건건 대립해 온 러시아가 될 것이다. 트럼프 대통령이 내전 중인 시리아의 독재자 바샤르 알아사드 정권을 후원하는 블라디미르 푸틴 대통령과 협력하는 쪽으로 기울게 되면 이는 미국을 더 위대하게라는 트럼프의 대선 구호와 달리 러시아를 더 위대하게 만들 것이다.

미국과 러시아가 손을 잡으면 반군을 말살하려는 아사드 정권의 계획을 약화시킬 수도 있지만 반군이 승리할 수 있도록 자원을 사용하는 것을 꺼림으로써 미국과 유럽연합(EU)은 아사드 정권이 러시아의 지원 덕분에 승리했다는 사실을 인정해야 할 것으로 보인다[서울=연합뉴스 한미희 기자, 2016.11.17.].

현재 미국과 EU가 이룰 수 있는 최선은 러시아와 협력해 아사드 정권이 승리 후 반군에 대대적인 보복을 가하지 않도록 하는 것이다. 또 인권이나 성 평등, 법치 등에 큰 관심이 없는 트럼프가 중동의 다른 독재자들과도 우호적인 관계를 유지할 것으로 전망한다.

쿠데타로 집권한 압델 파타 알시시 이집트 대통령은 트럼프 당선 이후 가장 먼저 축하 인사를 전한 인사 중 한 명이다. 트럼프는 지난 7월 쿠데타 시도를 진압하고 대대적인 숙청으로 철권통치를 강화하면서 국제 사회의 비난을 받는 레제프 타이이프 에르도안 터키 대통령을 옹호하기도 했다.

또한 러시아가 국제 사법 기구인 국제형사재판소(ICC) 조약(로마 규정)에서 탈퇴하기로 한 것은 트럼프의 승리에 대담해졌다는 증거이다. 러시아의 ICC 조약 탈퇴 결정은 러시아가 개입한 우크라이나 분쟁에 대한 ICC의 조사가 진행 중이고, 러시아의 시리아 알레포 폭격에 대해서도 ICC가 조사해야 한다는 주장이 제기된 가운데 나온 것이다.

트럼프 당선인은 대선 기간 종종 푸틴 대통령을 칭찬하며 러시아와 관계를 개선하겠다고 약속한 것은 물론, 유엔 주재 미국대사는 ICC에 반대하는 선봉에 섰다[서울=연합뉴스 한미희 기자, 2016.11.17.].

트럼프의 등장으로 시리아 내전, 이스라엘과 팔레스타인의 분쟁, 이란 핵 합의 등 모든 현안이 불안정한 방향으로 흐를 것이다. 푸틴과 미국과 러시아가 대리전을 벌이고 있는 시리아 사태 문제에 대한 전략적 협력 움직임에도 시리아 내전은 트럼프 당선 이후 불안정성이 커졌다고 분석한다.

러시아는 바샤르 알아사드 시리아 정권을 미국은 반군을 지원하고 있는데, 트럼프가 이 전쟁에서 발을 빼면 무게 중심은 정부군 쪽으로 기울며 러시아의 중동 장악력이 강해질 수 있다.

이스라엘과 팔레스타인의 분쟁에서는 친(親)이스라엘 성향이 강한 트럼프 탓에 갈등의 골이 깊어질 수 있다는 전망이다. 트럼프는 예루살렘을 사실상 이스라엘의 수도로 인정한다며 미국대사관을 현재 텔아비브에서 예루살렘으로 옮기겠다고 밝혔다.

트럼프뿐만 아니라 공화당 역시 친이스라엘 노선을 걷고 있다. 공화당은 이-팔 분쟁의 '2민족 2국가 해법'을 외면하고 이스라엘의 합법성을 지키기 위한 지원 정책을 발표했다.

도널드 트럼프 미국 대통령은 친(親) 이스라엘 행보를 이어가고 있다. 이스라엘 정보기관인 모사드의 요시 코헨 국장이 최근 미국을 비밀리에 방문해 트럼프와 이란 핵 합의, 시리아 내전 등 안보 문제를 협의했다.

이번 회동은 베냐민 네타냐후 이스라엘 총리와 론 더머 주미 이스라엘 대사가 주선했다. 더머 대사는 트럼프가 신뢰하는 측근인 사위 재러드 쿠슈너와 친분이 깊어 미국 주재 외교관 중 가장 먼저 트럼프를 접견했다. **맏딸 이방카의 남편인 쿠슈너는 유대인으로 친이스라엘 성향 인사다.**

**트럼프는 앞서 이스라엘 극우파 지지 인사를 주이스라엘 대사로 지명하고 텔아비브 소재 미국 대사관을 예루살렘으로 옮기겠다는 의사를 밝혔다. 대선 기간에는 요르단강 서안 정착촌 확장을 지지한다는 뜻을 내비쳤다.**

트럼프의 이 같은 행보는 이스라엘과 팔레스타인의 갈등을 증폭시켜 중동 지역에 불안을 야기할 수 있다는 우려를 낳고 있다[워싱턴 = 이진명 특파원, 매일경제, 2016.12.19.].

트럼프는 중동의 맹주 자리를 두고 경쟁을 벌이고 있는 '양강' 사우디아라비아, 이란과 갈등을 빚을 소지도 많다. 우선 사우디와는 방위비 증강 문제를 두고 대립된다. 트럼프는 대선 과정에서 한국, 독일, 사우디의 방위비 분담금 증액 필요성을 수차례 제기한 바 있다.

핵 합의 이후 순풍을 타고 있던 이란과의 관계 역시 변화를 맞을 전망이다. 트럼프는 이란 핵 합의에 대해 '끔찍한 협상' 이라고 밝히며 면밀히 재검토하고 있다. [서울=연합뉴스 한미희 기자, 2016.11.17.].

36

# 북대서양조약기구

트럼프는 나토를 시대에 뒤떨어진 기구로 혹평하였을 뿐만 아니라 나토 동맹국들을 미국의 관대한 비용부담에 혜택을 받는 존재들로 규정했다.

트럼프는 충분한 비용부담이 없다면 미국은 더는 유럽의 국가들, 아시아의 국가들을 보호하지 않을 것이라고 위협했다. 비용을 충분히 내지 않으면 미군을 철수할 것임을 시사 했다.

이 같은 트럼프의 비판은 대부분의 나토 동맹국이 국내총생산(GDP) 대비 최소 2%를 국방비로 투입해야 하는 나토 규정을 이행하지 않는다는 미국의 오랜 불만을 제기한 것이다. 그러나 트럼프가 60년 넘도록 미국의 외교정책의 초석이 돼온 군사 동맹에서 발을 빼지에 대해 의문을 제기하고 있다.

제임스 매티스 미국 국방장관은 나토(북대서양조약기구) 회원국에 올해 안에 국방비를 증액할 것을 공식 요구했다. 도널드 트럼프 미 대통령이 나토 정상회의에 참석하는 5월까지 나토 국방비 문제 해결이 이뤄지지 않을 경우 양측 간 마찰이 더욱 커질 가능성이 높다.

매티스 미국 국방장관은 나토 유럽 회원국이 올해 안에 국방비를 증액하지 않으면 나토에 대한 미국의 방위공약을 조정하겠다고 말했다.

나토는 나토 조약 5조에 따라 한 회원국이 공격받으면 이를 나토 동맹국 전체에 대한 공격으로 간주해 침략당한 국가를 지원하도록 규정하고 있다. 이처럼 상호 방위를 규정하고 있지만 나토 회원국의 국방비 지출은 미국이 불만을 표시하는 것이 이상하지 않을 정도로 불균형한 상태다.

현재 28개국을 회원국으로 둔 나토는 회원국 간 군사력과 국방비 격차가 심각하다. 28개 회원국 중에서 아이슬란드는 군대를 보유하고 있지 않고, 룩셈부르크군은 사실상 군대라고 부르기 어려운 수준이다. 이러한 나토 회원국 간 불균형은 나토가 별도의 군대를 갖지 않는 구조에서 비롯됐다.

나토는 본부를 브뤼셀에 두고 있지만 별도 나토군이 없기 때문에 조직 운영에는 그다지 큰돈이 들지 않는다. 각 회원국이 국방비이 0.5% 이하를 갹출해서 나토 본부(민간부문)와 통합 지휘본부(군), 나토 보안투자(군) 등에 사용한다. 그 대신 나토는 회원국들이 자국 군대를 독립적으로 운용하다가 필요할 때 나토라는 이름으로 합류하도록 하고 있다.

현재 나토군이라고 불릴 수 있는 군은 러시아의 위협에 대응하기 위해 동유럽에 배치된 7000여 명이 전부다. 폴란드에는 미군 4000명이 250대의 전차 및 브래들리 장갑차 등과 함께 배치돼 있다. 리투아니아에는 독일군 중심으로 1200명, 라트비아에는 캐나다군 중심으로 1200명, 에스토니아에는 영국군 중심으로 800명이 배치된 상태다.

이처럼 각국이 군대를 독립적으로 운용하다가 필요할 경우 나토군으로 합류하는 구조 탓에 방위에 필요한 비용 분담이 제대로 이뤄지지 않고 있다. 나토 28개 회원국이 자국 군대 운용을 위해 사용하는 국방비 규모가 제각각인 탓이다.

나토에 따르면 2016년 현재 나토 회원국의 전체 국방비는 9182억 9800만 달러(약 1044조7476억 원)다. 미국 국방비가 6640억5800만 달러로 나토 전체 국방비의 72.3%를 차지하고 있다.

영국이 603억4700만 달러(나토 전체 국방비 중 6.6%), 프랑스가 436억2000만 달러(4.8%), 독일이 406억6300만 달러(4.4%), 이탈리아가 218억7800만 달러(2.4%)를 국방비로 지출하고 있다.

나토 전체 국방비의 1%도 안 되는 규모의 돈을 국방비에 쓰는 회원국은 노르웨이와 그리스, 벨기에 등 17개국이나 된다. 아이슬란드는 군대가 없다 보니 아예 국방비 자체를 편성하지 않는다.

**이러한 불균형을 최소화하기 위해 나토는 회원국에 국내총생산(GDP)의 2% 이상을 국방비에 쓰도록 권고하고 있지만 이를 지키는 국가는 5개국에 불과하다**. 2016년 기준으로 미국이 GDP의 3.61%를 국방비로 지출해 나토 회원국 중 국방비 지출 비율이 가장 높았다. 그리스 국방비가 GDP 대비 2.38%로 그다음이었으며. 영국과 에스토니아, 폴란드의 국방비가 GDP 대비 각각 2.21%, 2.16%, 2.00%였다.

이 때문에 나토 내에서도 국방비 지출 증액의 필요성이 지적된 가운데 나토 사무총장은 공정한 분담과 국방비 증액이 동맹을 지탱해줄 것이라고 강조하고 있다[김석 기자, 문화일보, 2017.2.17.].

37

# 미국 트럼프 정부와 유럽 및 세계 각국 관계

트럼프 미국 대통령 등장은 앙겔라 메르켈 독일 총리의 입지가 좁아질 것으로 전망한다. 트럼프가 내걸고 있는 반(反)이민, 보호무역 강화, 미국 우선주의 모두 메르켈 총리가 지지하고 있는 통합과 화합의 가치에 배치되기 때문이다.

러시아 제재와 북대서양조약기구(NATO) 위상, 시리아 난민 문제, 기후변화 등을 놓고 과거와 같은 미국의 긴밀한 협조도 쉽지 않을 것으로 보인다.

트럼프의 재정 확장적인 경기부양 정책은 메르켈 총리가 강조해온 긴축 및 재정균형과 대립각에 서있는 것도 문제다. 트럼프의 등장으로 베를린 장벽 붕괴 이후 가장 어려운 시기가 될 수 있을지 걱정한다.

영국의 유럽연합(EU) 탈퇴, 프랑스 국민전선을 비롯한 유럽 극우정당들의 득세 등과 맞물려 메르켈의 리더십에도 도전 받을 것으로 보인다 [아시아경제 조목인 기자, 2016.11.15.].

11년째 총리로 집권하고 있는 메르켈이 외로운 싸움을 될 것이다. 메르켈은 그동안 EU의 가치를 내세워 유럽의 난민 수용 선봉에 서왔지만 유럽 안팎에서 거센 반발에 직면하고 있다.

도널드 트럼프는 당선 직후 **극우 보수주의자 나이절 패라지 영국독립당대표와 프랑스 극우 국민전선(FN)의 떠오르는 신예 마리옹 마레샬 르펜**과 교환했다. 영국의 유럽연합(EU) 탈퇴, 브렉시트(Brexit) 운동을 이끌었던 주역 나이절 패라지 영국독립당(UKIP) 임시대표가 영국 정치인으로서는 처음으로 도널드 트럼프 미국 대통령 당선인을 만났다.

패라지 임시대표는 트럼프 당선인과 만나, 트럼프의 대선 승리와 국제정치, 브렉시트 이후 영국 등에 대해 논의를 나눴다. 테레사 메이 영국 총리에 앞서 패라지 임시대표가 트럼프 당선인과 회동한 데 대해 영국 내부에서는 혼란과 우려가 나오고 있다.

메이 총리는 트럼프 당선인과의 전화통화에서 레이건-대처 시대의 연대를 되살리자는 긍정적 신호를 보냈다.

프랑스 극우 국민전선(FN)의 마리옹 마레샬 르펜도 트럼프 당선인과 만나지만 유럽인들은 극우 지도자들을 먼저 만나는 것에 대해 우려를 표하고 있다[서울=뉴스1, 손미혜 기자, 2016.11.13.].

도널드 트럼프 당선 이후 스웨덴의 네오나치 세력이 최대 집회를 여는 등 유럽에서 극우 세력이 공공연히 세력을 떨칠 조짐을 보이고 있다.

스웨덴 스톡홀름에서 **네오나치 집단인 '노르딕저항운동(NMR)'** 소속 600여명이 감라스탄 지구에서 국회의사당까지 거리행진을 벌였다. NMR 시위대가 눈, 얼음, 폭죽 등을 서로 던졌다.

NMR는 유럽의 대표적인 **백인 우월주의 단체 '아리아인 저항운동'**과 네오나치 잡지 '폴크스뷰넨' 출신 직원들을 중심으로 1997년 설립됐다. 유색인종 이민자를 반대하고 인종혐오 범죄를 주도한 것으로 알려졌다.

이날 집회에는 **노르웨이의 극우주의자**도 참여했다. 그는 아돌프 히틀러가 롤모델이며 홀로코스트는 일어나지 않았다고 주장했다.

트럼프 집권 이후 유럽은 종교나 민족이 다른 외국인에 대한 극우세력의 혐오범죄가 극성을 부릴 가능성이 높다. 트럼프 대통령이 백인 우월주의를 드러냈던 만큼 극우세력이 대놓고 활동할 분위기가 확산할 수 있다[백소용 기자, 세계일보, 2016.11.14.].

**유럽인들은 트럼프 미국 대통령, 푸틴 러시아 대통령, 에르도안 터키 대통령은 유럽을 위기로 몰아간다고 비난 한다**[서울=연합뉴스 양태삼 기자, 2016.11.23.]. **그들은 서로를 좋아할 뿐 아니라 공통점은 우리의 사고방식과 가치관, 우리 유럽의 자유 민주주의를 강타하고 파괴한다는 점이다.**

푸틴 대통령과 에르도안 대통령은 권위주의적 철권통치를 강화한 대표적 현직 국가정상이며 트럼프 당선인도 선거기간 미국 우선주의를 강조하며 강경한 반세계화 시각을 드러냈다. 또한 이들은 서로를 향해 호감을 표시하고 있다.

백악관 수석전략가인 스티브 배넌은 **극우 웹 사이트이자 백인우월주의 본산인 브레이트바트**를 프랑스 파리와 독일 베를린에 개설해 양국의 선거를 망치려 하고 있다.

배넌이 공동 창업한 브레이트바트 뉴스는 이민 반대와 유대인과 무슬림 반대 등을 표방한 대안 우파(alt right)의 선봉으로 꼽힌다.

유럽 내부에 적국에서 모략활동 하는 집단인 제5열에 에르도안 총리와 푸틴 대통령, 트럼프 당선인 등의 친구들이 서 있다. 이들은 내부에서 유럽을 위협하고 있다.

### ➾ 호주 관계

트럼프의 미국 대통령 당선을 계기로 호주 사회에도 극우 정당의 부상이나 외국인 투자 규제, 강경한 난민정책 등 보수주의적 색채가 날로 강화될 것이다. 최근 호주에서는 **극우성향의 정당인 '하나의 국가'**(One Nation)**당**의 지지율이 6%로 껑충 뛰었다. 이에 자극을 받은 듯 **보수성향 집권당인 자유당-국민당 연합도 국경 통제나 동성결혼, 외국인 투자 문제 등에서 보수색을 더욱 강화 하고 있다.**

턴불 정부는 선상 난민을 절대로 수용하지 않겠다는 정책을 고수하면서 역외 시설에 수용 중인 난민 약 1천400명을 제3국으로 보내는 방안을 추진하고 있다.

또 턴불 정부는 동성결혼 합법화 문제에서도 야권의 분명한 반대에도 불구하고 일방적으로 자신들의 뜻을 관철하려다 실패로 돌아갔다. 동성결혼 합법화 문제는 다음 총선이 있는 2019년 이후로 미뤄지게 됐다.

이와 함께 호주 정부는 인종차별적 행위를 강력하게 규제하면서 호주의 다문화주의 정착에 기여해온 인종차별반대법도 손보려 하고 있다. 이 밖에도 **호주 정부는 중국 기업들의 대규모 목장기업과 배전 사업망 사업 인수에 연이어 제동을 걸었다.**

### ⇨ 남미 관계

트럼프 집권으로 페루 경제는 뜻밖의 선물을 받고 있다. 트럼프가 인프라 투자를 늘리겠다고 공약하면서 페루의 주력 수출 품목인 원자재 가격이 오름세를 보이고 있다. 보호무역주의를 내세운 트럼프가 중남미 국가와 거리를 두고 중국이 적극적으로 치고 들어오는 상황을 기회로 보고 있다.

페루는 정치적 안정성을 바탕으로 꾸준히 성장하고 있다. 페루는 트럼프 당선에 따른 원자재 가격 상승으로 혜택을 받고 있다. 트럼프는 인프라 확충에 5000억 달러(약 590조원)를 투자하겠다고 공언하면서 건설자재에 쓰이는 원자재 가격은 크게 뛰었다. 구리 가격은 1년래 최고점을 찍었다. 철광석 가격도 2년 만의 최고치를 기록했다.

지난 몇 년간 하락세를 이어가던 원자재 가격이 오름세로 반전하면서 페루에 호재로 작용하고 있다. 철광석과 구리 등 원자재는 페루의 10대 주요 수출 품목이다. 페루에서 생산하는 금과 원유 가격도 최근 상승하고 있다.

### ➾ 일본 관계

트럼프 집권 후 미·러 관계가 개선하게 되면 일본의 아베 정권도 입장이 난처해 질 것이다. 아베 정권은 연내 푸틴 대통령의 방일 및 정상회담을 성사시키고 쿠릴열도 문제 해결을 위해 이달 초 러시아와 경제협력 우선과제 30개를 구체화하기로 합의한 상태다.

그러나 **트럼프 행정부가 러시아에 대한 경제제재를 완화할 경우 일본의 경협 카드는 그만큼 매력을 잃게 되며 일본을 통해 서방 제재의 균열을 노리던 러시아는 대일 경협 카드를 버릴 수도 있다**.

러시아와의 협상 결렬 시, 쿠릴열도 문제 해결을 초장기 집권의 발판 중 하나로 삼으려던 아베 정권은 트럼프 당선에 따른 안보·경제적 타격에 이은 2차 타격을 받게 될 우려가 있다.

### ➾ 러시아 관계

트럼프는 서방과 러시아 간 긴장을 완화할 수 있다고 밝혔다. 우선

미 · 러 관계 개선의 신호탄은 크림반도 사태에서 보여 질 것이다. 크림반도 무력 병합을 이유로 러시아에 부과해 온 경제제재 해제와 러시아 근처에 배치한 나토(북대서양조약기구) 군 철수 여부가 다루어질 것이다. 그러나 여기에 EU의 반발도 거셀 것이다.

크림반도가 러시아에 안착할 경우 이곳에 주둔하고 있는 흑해함대로 인해 당장 폴란드와 발트 해 연안 3국이 러시아 영향권으로 들어갈 수 있다. 게다가 **독일과 프랑스는 미국이 나토에서 발을 뺄 경우 EU 군대 창설을 공언해 군비경쟁이 가속화할 수 있다.**

### ⇨ 트럼프 정부의 친러 반중 행보

도널드 트럼프 당선자의 '친러 반중' 행보가 미국 안팎에서 거센 반발에 부닥치고 있다. 미국 안에서는 트럼프의 당선을 돕기 위해 러시아가 미 대선에 개입한 의혹의 진상을 규명하려는 움직임이 본격화하고 있고, 중국은 미 해군의 수중 드론을 "훔쳐갔다"는 트럼프의 주장에 불쾌감을 숨기지 않았다.

**트럼프의 미국 우선주의는 외교적으로 비개입주의와 동맹 재조정을 뼈대로 한다.** 동맹 재조정의 중심에 놓여 있는 국가가 바로 러시아다. 트럼프는 푸틴을 '훌륭한 지도자'라고 극찬하며 러시아와의 관계 개선을 추진해왔다. 이 와중에 러시아의 미대선 개입 의혹이 불거졌다.

트럼프는 '하나의 중국' 원칙을 무시할 수도 있다며 강경한 대중국 정책을 예고하고 있지만, 중국 대응도 만만치 않다. 대만 문제에 이어 남중국해 문제에까지 중국과의 전선이 넓혀가는 느낌이다. 미국은 하나의 중국 정책을 망가뜨리고, 이어 중-미의 위기관리 원칙을 무시했다. 중국이 트럼프의 정식 취임 전까진 자제를 유지하겠지만, 취임 뒤에도 이런 기조가 이어진다면 가만있지 않을 것이라고 중국은 경고음을 보내고 있다[베이징/김외현 특파원, 황금비 기자, 한겨레, 2016.12.19.].

38

# 미국과 영국 주도의 블록경제 해체

수십 년간 지속돼온 세계의 블록경제의 틀이 도널드 트럼프 미 대통령의 보호무역주의 발동과 영국의 하드 브렉시트 선언이 맞물리면서 무너지고 있다. **다자간 무역협정 틀을 벗어나 1대1 양자 무역협정을 체결하겠다는 미국의 행보에 기존의 세계경제질서가 흔들리고 있다.** 개별 국가의 힘을 앞세운 강 대 강(强對强) 시대가 열리면서 약육강식의 생존이 주요 경쟁력으로 떠올랐다.

블록경제 붕괴의 방아쇠는 트럼프 대통령이 당겼다. 트럼프는 취임하자마자 환태평양경제동반자협정(TPP) 탈퇴를 위한 행정명령에 사인했다. 하루 전 북미자유무역협정(NAFTA) 재협상 선언과 함께 멕시코, 캐나다 총리와 정상회담을 잡은데 이어 TPP 탈퇴를 선언했다.

급변하는 세계경제질서의 변화를 예고하고 있다. 미국은 물론 세계가 요동치고 불확실성과 불안이 고조되고 있다. 격변의 출처는 아메리카 퍼스트(America First · 미국우선주의)이다.

트럼프는 TPP 탈퇴는 미국 노동자들에게 대단히 큰 선물을 줄 것이라고 내다보고 있다. 미국이 다자협정시대에서 양자협정시대로 전환하는 것이 속속 드러나면서 글로벌 무역질서도 강대국 중심으로 재편될 것으로 보인다.

미국에 맞서 중국이 새로운 세계 리더로 나서는 가운데, 오바마 정부에서 미국과 최악의 관계로 치달았던 러시아와의 협력 가능성이 거론된다.

트럼프의 급진적인 무역정책을 놓고 원하는 것을 얻어내려는 '협상의 기술'로 보는 시각도 있다. 각각의 무역시장에서 힘의 우위를 지키며 미국의 이익을 극대화하기 위한 전략이라고 진단했다.

영국의 브렉시트 결정으로 유럽도 강대강 힘겨루기 국면으로 치닫고 있다. 영국 정부는 전격적으로 하드 브렉시트(영국의 EU 완전 탈퇴)를 선언했다.

영국은 새롭고 대담한 포괄적 자유무역협정으로 EU 단일시장에 대한 최대한 접근을 추구하겠다고 했다. 동시에 영국의 메이 총리는 각국과 맞춤형 협정 체결을 준비하는 '투트랙 행보'를 보이고 있다. 메이 보수정부의 이 같은 행보는 EU를 벗어나 영국의 1대1 국제무역 관계를 강화하려는 시도로 보인다[조민선 기자, 해럴드경제, 2017.1.25.].

39

# 이민 규제 – 무슬림 입국 금지 – 유대교 대변

트럼프는 이민 규제와 관련해 처음엔 미국-멕시코 국경에 장벽을 세우고 1천100만 명의 불법 체류자들을 추방하겠다고 했다. 그 이후 불법 체류자 중 미국에 사는 범죄자는 수백만 명이라고 고치고 나머지 불법 체류자들 문제는 나중에 다루겠다고 말을 바꿨다. 막판에는 멕시코가 장벽을 세우는 데 비용을 댈 것이라고 했지만 멕시코 방문에선 이에 관해 침묵했다.

그는 또 무슬림의 미국 입국을 전면 금지하겠다고 했다가 정책은 아니라고 물러서기도 했다. 대신 그는 특정 국가에서 들어오는 사람들을 철저히 조사하겠다고 말했다.

전통적 대립관계에 있던 미국 내 유대계와 무슬림계가 소수민족 및 종교 차별에 대처하기 위해 공동협의체를 결성한다. 미국 내 유대계와 무슬림계 이익을 대변하는 양대 고위 단체가 종교적 박해와 차별에 공동대처하기 위해 새로운 초 교파위원회결성 계획을 공표했다. 그동안 갈등관계에 있어온 두 교파가 공동의 위기에 맞서 일단 세(勢)를 불려 대처하기 위한 전략이다.

미국 내 모든 소수민족 사회와 교파들이 트럼프 정권 출범을 앞두고 그동안 사회의 차별과 위협 해소 분야에서 이룩돼온 성과들이 퇴보할 가능성을 크게 우려한 가운데 양대 교파가 협력을 선언하고 나섰다.

새로 결성된 무슬림-유대 자문위원회(MJAC)에는 민주당과 공화당 의원 등 저명인사들이 참여하고 있다. MJAC 결성은 북미무슬림협회와 미유대위원회(AJC) 두 공동체가 함께해야 할 전략적 필요성을 느끼며 지금까지 많은 사안에서 유사한 행동을 취해왔다. 특히 미국 내 무슬림 사회는 2015년 말 공화당 트럼프 후보가 한 무슬림 입국 전면 금지 발언 이후 우려가 고조돼왔다.

트럼프 정부는 미국 내 무슬림계 주민의 의무 등록제 실시 여부를 검토하는 것으로 알려져 왔으며 MJAC는 이것이 무슬림을 새로운 범주의 미국인으로 분류하는 것이라며 강력 반발하고 있다. 아울러 트럼프 선거 승리 이후 미국 내에서 증오범죄가 증가하고 있는 것도 무슬림 등 소수민족 사회의 우려 요인이다.

MJAC는 초기 사업으로 의원들을 초치해 미국 내 모든 소수 종파 주민들의 보호를 강화하기 위한 법안 제정을 촉구할 예정이다. 아울러 미국 내 무슬림과 유대 사회 간의 분쟁 방지 노력도 포함돼 있다[서울=연합뉴스 유영준 기자, 2016.11.17.].

40

# 미중의 남중국해 무력시위 격돌

2017년 새해 벽두부터 미국과 중국이 남중국해에서 무력 대결에 나서면서 긴장감이 고조되고 있다. 대만 문제로 촉발된 미국과 중국의 갈등이 세계의 화약고로 떠오르고 있는 남중국해에서의 무력시위로 더욱 증폭되고 있는 것이다.

중국의 첫 항공모함 랴오닝함이 이끄는 항공모함 전단이 새해 첫날 남중국해 해역에서 군사훈련을 시작했다. 랴오닝함 항모전단은 지난해 말 도널드 트럼프 미국 대통령 당선자의 잇단 도발에 항의하듯 사상 처음으로 서해와 동중국해, 서태평양을 거쳐 남중국해에 진입하며 세를 과시한 바 있다.

이후 하이난성 해군기지에 정박했던 랴오닝함 항모전단은 새해 벽두부터 다시 영유권 분쟁해역인 남중국해에서 영유권 수호를 명분으로 다시 나선 것이다.

이 같은 중국 측의 움직임은 트럼프 정부 출범을 앞두고 남중국해에서 미국이 군사적 행보를 가속화하는 것과 무관치 않은 것으로 보인다.

시진핑 중국 국가주석은 영토 주권과 해양권익을 결연히 수호할 것이라고 영유권 수호 의지를 밝힌 바 있다. 특히 이는 미국이 남중국해에 이례적으로 미사일 요격용 자주포 혹은 곡사포 배치를 검토 중이라는 소식이 들려온 직후였다.

**랴오닝함과 구축함 수척으로 구성된 항모 편대는 여러 대의 젠-15 전투기, 다종의 함재 헬기들과 함께 남중국해에서 훈련을 했다.** 랴오닝함 항모전단은 2017년 항모 편대의 전투력을 전면적으로 제고하는 목표에 따라 훈련을 지속할 것이라고 말했다. 중국은 랴오닝함 등을 동원해 남중국해와 서태평양에서 이전보다 더 잦은 훈련을 펼칠 것이라는 관측이다.

미국도 중국의 이런 움직임을 좌시하지 않겠다는 듯 새해부터 빠른 움직임을 보이고 있다. 이날 이례적으로 미국이 남중국해 인근에 군사무기를 설치한다는 소식이 들린 것이다.

미 국방부와 육군이 **중국 로켓과 순항미사일 등을 요격할 수 있는 M-109 팔라딘 자주포나 155㎜ M777 견인곡사포 부대를 남중국해에 배치하는 방안을 검토하고 있다.**

미국은 남중국해에서 '항해의 자유' 원칙에 따라 계속 군사 훈련을 진행한다면서 그에 따른 중국과의 대립에 대비해야 한다는 취지에서 미사일 요격 부대의 배치하는 것으로 알려졌다.

**M777 견인곡사포는 이라크와 아프가니스탄에서 화력지원용으로 주로 활용됐으며, 30㎞ 이상 거리에 있는 표적도 타격할 수 있는 GPS 유도탄을 발사할 수 있다. M-109 팔라딘 자주포 역시 기동성을 활용해 빠르게 날아오는 미사일을 직접 요격하는 데 알맞은 것으로 알려져 있다.**

중국은 자국이 건설한 남중국해 내 인공섬 안에 있는 군용 비행장 방어를 위해 최근 SA-21 등 최대 500기의 최신예 대공미사일 도입을 추진하고 있다. 중국은 파라셀 군도 내의 우디 섬 등 3개 인공섬의 군용 비행장 방어를 위해 인근에 위치한 남중국해 하이난 섬으로 이들 대공미사일을 반입했다.

미 육군도 요격용 미사일 배치와 별도로 최근 300㎞ 거리의 목표물도 무력화할 수 있는 **전술지대지미사일**(ATACMS) **시스템**을 개량해 새로 배치하기로 하는 등 지역 해양패권을 둘러싼 미·중 간 미사일 경쟁이 격화하는 모양새다[매일경제, 문수인 기자 / 안정훈 기자, 2017.1.2].

41

# 미국과 중국 관계

도널드 트럼프 등장은 장기적으로 중국에 유리할 수 있다. 단기적으로 미·중 관계가 불확실성에 직면할 수 있지만, 중장기적 관점에서는 트럼프 집권 아래서 미·중 관계가 클린턴 후보의 집권보다 나을 수 있다[홍콩=연합뉴스, 최현석 특파원, 2016.11.19.].

일본과 싱가포르 등 일부 국가가 미국에 아시아 내 강력한 존재감을 유지하라고 촉구하겠지만, **트럼프 행정부가 내치에 중점을 두며 국제 정세 개입을 꺼린다면 중국이 아시아태평양 지역에서 정치·군사적 압력을 덜 받을 것이다.**

아태 지역 내 국가들이 자체적으로 안보를 감당할 수 있고 미국의 개입이 약화되더라도 아태 지역 내 안보 공백을 초래하지 않을 것이다.

일반적으로 약소국들이 생존을 위해 대국과 타협하지만, 이것이 특정 국가를 완전하게 편드는 것은 아니다.

미국은 아시아인프라투자은행(AIIB)에 불참했지만 중국의 신경제구상인 '일대일로'(一帶一路: 육상 · 해상 실크로드)가 더 원활하게 진행될 것을 기대하고 있다.

미국이 중국에 더 많은 경제적 압력을 가하겠지만, 트럼프 정부는 미국 사회 통합을 위해 경제 발전에 더 신경 쓸 것이기 때문에 새로운 협력 관계를 가질 것이다.

**트럼프는 세계화에 반대한다고 일부에서 우려하고 있지만, 그의 기조가 진정한 의미의 세계화에 더 도움이 될 수 있다. 이는 일종의 미국이 주도하는 세계화가 아니다 라는 관점에서다.**

홍콩 문제와 관련, 중국이 홍콩에 대해 충분한 인내와 특혜를 보였기 때문에 홍콩이 이미 누린 것보다 나은 것을 기대하지 않으리라 본다.

중국이 홍콩에서 친(親)중국적 내용을 강조한 국민교육 과목 도입을 반대하는 시위가 벌어진 5년 전부터 '일국양제'(一國兩制 · 한 국가 두 체제) 정책의 변화 필요성을 인식했다며 앞으로 '일국' 부분이 더 강조될 것이다.

도널드 트럼프 미국 대통령이 **미국이 37년간 유지해 온 '하나의 중국' 정책을 무역 문제와 북핵 등 다른 현안과의 연계를 시사하면서 세계가 시끄럽다.**

당사국인 중국은 물론 전 세계를 발칵 뒤집어 놓은 대만 총통과의 전화통화는 단순한 돌발적 사건이 아니라 고도의 계산된 전략적 행보일 수 있다는 사실이다. 이에 따라 **미·중간에 긴장이 한층 고조되는 것은 물론 양국 사이에 낀 한반도의 불안정이 더욱 확대될 것으로 보인다.**

트럼프는 하나의 중국 원칙을 완전히 이해하고 있지만, 무역 문제를 포함해 다른 사안들과 관련한 협상을 하지 않는다면 하나의 중국 정책에 얽매이지 않는다. 미국은 중국의 통화 평가절하와 미국산 제품에 대한 고율의 관세 부과, 남중국해 대형 요새 건설로 피해를 보고 있다고 비판했다.

중국은 북한과 관련해 미국을 전혀 돕지 않으며 북한이 핵무기를 갖고 있고, 중국이 그 문제를 풀 수 있는데 그들은 전혀 도와주지 않는다는 것이다.

**중국은 하나의 중국을 기치로 대만을 국가로 인정하지 않고 있으며, 미국 정부는 1972년 리처드 닉슨 전 미국 대통령과 마오쩌둥 전 중국 국가주석이 만난 이후로 이 같은 원칙을 유지해 왔다.**

**지미 카터 정부 시절인 1979년 중국과 외교관계를 수립하면서 대만과의 외교관계도 단절했다. 다만 미국은 현재 자체 '대만관계법'에 따라 대만을 비공식으로 주권국과 동등하게 대우하고 있다. 이 원칙은 그동안 민주, 공화 양당 정권을 거치면서 한 결 같이 지켜져 왔고 버락 오바마 정부도 하나의 중국 정책을 지지하고 있다.**

**트럼프의 발언은 일단 협상 카드의 성격이 짙긴 하지만, 이 같은 구상을 실제로 실행되면 양국 관계는 파탄 날 수 있는 메가톤급 현안으로 급부상할 수밖에 없다. 중국 정부는 트럼프의 이 같은 행보에 강력히 대항할 것이다.**

세계에는 오직 '하나의 중국'만이 있고 대만은 중국 영토의 불가분 일부분이다. 중화인민공화국이 중국을 대표하는 유일한 합법정부란 점은 국제사회가 공통으로 인정하는 사실이다. 하나의 중국 원칙은 중미 관계의 정치적 기초다.

그러나 **일라인스 프리버스 백악관 비서실장 등 트럼프 주변에 친(親) 대만 인사들이 포진해 있다**는 점에서 트럼프 행정부가 실제로 하나의 중국 정책을 재검토할 수 있다는 관측도 제기하고 있다.

**이처럼 미국은 아시아의 한 축인 중국을 흔들고 동시에 중동의 한 축인 이스라엘과 이란 관계에서 중동지역의 국방외교를 교란시키면서 세계 불안을 촉발시키고 있다.** 이스라엘이 도널드 트럼프 미국 대통령에게 이란과의 핵 합의를 되돌리는 방안을 제시하겠다고 나서고 이란은 트럼프를 향한 우려를 공개 표명하면서 중동지역의 안보가 불안해 지고 있다.

베냐민 네타냐후 이스라엘 총리는 이란 핵 합의를 무효로 하기 위한 다양한 방법을 트럼프와 논의한다는 것이 불안감을 촉발시키고 있다. 도널드 트럼프가 이스라엘을 지지하는 것은 분명하다. 이스라엘과 미국은 전통 우방이지만, 버락 오바마 대통령이 주도한 이란 핵 합의를 네타냐후 총리가 강력하게 반대하면서 불편한 관계를 이어왔다.

이스라엘은 이란의 핵무기 보유를 막는 데 전념하고 있다며 트럼프와 이 잘못된 합의를 어떻게 할 것인지 논의하길 기대한다. 핵 합의는 이란이 핵무기를 보유할 길을 열어주고 있다고 주장했다.

**미국 등 주요 6개국과 이란은 지난해 7월 국제사회가 이란의 핵 개발 프로그램을 제한하는 대가로 이란에 대한 제재를 해제하는 내용의 핵 합의안(JCPOA · 포괄적공동행동계획)을 성사시켰다**[워싱턴=연합뉴스 심인성 특파원, 2016.12.12. /서울=연합뉴스 한미희 기자, 2016.12.12.].

42

# 미국의 반세계화 - 보호무역주의

트럼프 집권 이후 멀리 내다볼 때 가장 우려되는 것은 보호무역주의 강화에 따른 위험이다. 최근 몇 년간 이런 경향이 크게 늘었으며, 최근 정치적 상황과 맞물려 전망은 더욱 어두워졌다.

세계경제는 결국 승자도 없고 패자만 남는 세계가 될 것이다. **세계경제 성장 저하와 물가 상승은 아무에게도 유용하지 않는 세상이 될 것이다**. 지난 수년간 세계 경제가 지나치게 중앙은행의 양적 완화 정책에 의존하고 있다. 그러나 최근에는 이런 경향이 바뀌고 있다는 신호가 감지됐다.

선진국의 중앙은행들이 2016년 3분기이후 한 발 뒤로 물러서면서 중앙은행에 대한 의존에서 벗어나 기대나 미래전망을 이끄는 경향이 두드러졌다.

하지만 **신흥시장은 금리 인상과 달러화 강세로 인해 더 큰 위험에 직면했다**. **신흥국 신용시장과 주식시장 반응은** 2013년 **테이퍼 탠트럼**(긴축 발작) 때보다 훨씬 조용했지만, 위험은 여전하다.

내년에 신흥국 달러 표시 기업부채 가운데 10%의 만기가 돌아오는데 최근의 달러 강세로 빚 갚는데 돈이 더 많이 들게 됐다는 것은 가징 큰 문제로 등장할 것이다. 일부 지역의 정치적 불확실성이 고조된 것도 우려스러운 일이다.

브렉시트(영국의 유럽연합 탈퇴), 미국의 보호무역주의와 자국 이익주의, 유럽, 호주의 우경화 등 선진국을 중심으로 한 일련의 반세계화 움직임이 한국경제에 큰 위기로 등장할 수 있다.

향후 반세계화 시대 한국 경제와 기업 활동을 둘러싼 불확실성이 고조될 것으로 보인다. 이런 대외 불확실성은 대외의존도가 높은 한국 경제에 매우 큰 충격을 줄 것이다. 2008년 글로벌 금융위기 이후 교역 규모는 1/4으로 쪼그라들었으며 이는 보호무역주의 흐름에 기인한다.

브렉시트 결정, 미국 대선에서의 트럼프 후보의 선전 등은 모두 대표적인 반세계화의 현상이다. 저성장과 이에 따른 실업문제가 부각되면서 선진국들도 자국 경제를 우선시하는 경향이 강해졌다.

미국에서도 일자리, 이민자 등 주요 문제이고 유럽에서도 스페인, 이탈리아 청년실업률이 45.7%, 27.8%에 달할 정도로 일자리 문제가 심각한 수준이다. 선진국들이 공통적으로 이들 경제문제에 심각한 압박을 받고 있다.

**구제금융, 실업률 급등, 국가부채 문제로 인한 갈등으로 선진국 재정 여력도 한계에 도달했고 통화정책의 운용 밑천도 바닥에 있다. 이런 상황에서 각국 정부가 선택할 수 있는 정책방향은 자국우선주의와 경제적 포퓰리즘에 기댈 수밖에 없다.**

이런 변화는 최근 미국 통상정책 변화에서도 찾아볼 수 있다. 미국은 그동안 세계무역기구(WTO)를 통한 무역 분쟁 해결을 선호했지만 최근 들어 양자 간 분쟁해결 방식을 선호한다. 최근 인도네시아(담배), 브라질(면화) 조정이 대표적 사례다. 이와 함께 미국은 반덩핌 관세 항소절차를 수입기업에 불리하게 적용하는 등의 미시적 보호무역정책도 병행하고 있다.

유럽연합(EU)은 애플, 구글, 스타벅스 등 다국적 기업에 세금특혜를 부여한 아일랜드, 네덜란드, 룩셈부르크 등에 세금추징을 요구한 것도 이런 시류와 맞물려 있는 것으로 보인다.

**그동안 금융 중심지를 구축, 세계화를 대표했던 미국과 영국이 최근 반세계화에 먼저 나선 배경은 이처럼 저성장 장기화에 경제적 문제가 가장 큰 원인을 제공했다.**

그동안 세계화에 가장 적극적이었던 영국과 미국의 GDP(국내총생산) 대비 복지지출 규모는 독일, 프랑스 등에 비해 2/3 정도에 그쳤다. 이런 점을 감안할 때 **자국 우선주의와 경제적 포퓰리즘 정책방향은 당분간 피할 수 없다고 본다.**

이밖에 **최근 각국의 완화적 통화정책 기조에 대해선 대공황 당시 금본위 경제를 탈퇴하고 경쟁적으로 자국통화를 약세로 몰고 간 인근 궁핍화정책을 추구하는 것도 코너에 몰린 경제현실에서 비롯한 것이다.**

**유럽 우경화는 반세계화 성향의 포퓰리즘 정당이 득세하는 것으로 표출되고 있으며 이런 현상은 일시적이기보다는 중장기적 경향으로 자리잡아 가고 있다.**

**반세계화의 파고에서 한국의 진로는 경제 등 모든 영역에 걸쳐 커다란 시련에 시달릴 것으로 보인다. 특히 한국은 정권이 바뀔 때마다 박근혜 정부의 무능(최순실의 국정농단)처럼 온 나라를 혼란과 불안에 빠져들 때면 한국경제는 수 십 년을 더 퇴보시키는 악순환이 반복될 것이다** [머니투데이 유엄식 기자, 2016.11.6. / LG경제연구원; 반세계화 시대의 세계화].

**미국은 지금 환태평양경제동반자협정(TPP) 철수와 고율의 관세 부과 등 극단적인 수준의 보호무역주의 성향을 보이고 있다. 미국의 통상정책이 공격적으로 변할 가능성이 있어 대미 수출을 포함한 한국 주력산업의 수출에 적지 않은 영향을 미칠 것이다.**

이미 미국에서는 수입규제 강화 움직임이 뚜렷하게 나타나고 있다. 세계무역기구(WTO) 조사 결과, 미국의 반덤핑 조사 개시 건수는 지난해 42건으로 전년보다 23건 늘었다. 이 가운데 우리나라에 대한 조사 개시 건수는 17건으로 중국 다음으로 많았다.

**국제통화기금(IMF) 분석에 따르면 2008년 이후 세계적인 교역 감소는 4분의 1이 보호무역주의 흐름에서 비롯됐고 나머지는 경기 부진에 따른 것이다.**

트럼프는 통상 · 에너지 · 규제개혁'에서 한미 자유무역협정(FTA)을 "실패한 협정"으로 규정하며 이로 인해 미국의 일자리가 대거 없어졌다고 주장했다.

미국 내 공정무역에 관한 요구가 거세짐에 따라 한 · 미 간 통상 현안은 개별 사안별로 미국 국내산업과 시장 보호와 한국에 대한 시장개방 요구가 거세질 전망이다.

당장에 한 · 미 FTA가 직접적인 영향을 받을 가능성은 낮지만 TPP 협상 재검토와 연계해 서비스산업의 조기 개방 등의 요구가 증대될 수 있다[세계일보, 송광섭 기자/ 이정화 기자, 2016.11.6.].

43

# 미국 - 한국, 환율조작국 지정 요건 취약

오는 4월 미국의 환율보고서 발표를 앞두고 한국이 환율조작국으로 지정될 수 있다는 우려가 계속되고 있다. 만약 한국이 환율조작국이 지정되면 원화 가치 강세 등으로 우리 수출에 타격을 입을 것이다[세종=연합뉴스 민경락 이대희 기자, 2017.2.19.].

일본 언론사에 인수된 영국의 파이낸셜타임스(FT)가 아시아에서 환율을 조작하는 국가가 한국이라는 근거 없는 주장까지 내보내고 있다. 그러나 정부는 한국의 환율조작국 지정 가능성을 낮게 보고 있다. 그러면서도 환율조작국 지정 기준에서 벗어나기 위해 대미 에너지 수입을 늘리기로 하는 등 대책 마련에 분주한 모습이다.

한국의 경상수지 흑자는 환율조작이 아닌 저유가와 고령화에 기인한다는 점, 대미 무역수지 흑자비중이 낮아지고 있고 서비스수지 적자는 갈수록 확대되고 있다는 점 등을 근거로 미국 설득작업에도 착수했다. 그러나 이들 문제는 국내경제문제로 설득력이 취약한 근거다.

일각에서는 미국의 환율조작국 지정 기준이 지나치게 자의적인 데다 기계적으로 이를 적용하는 것은 문제가 있다는 비판도 나오지만 한국측의 반박은 없다.

지난해 우리나라 경상수지 흑자 규모는 986억7천만달러로 역대 두 번째로 많았다. 사상 최대치였던 2015년(1천59억4천만달러)에는 못 미치지만 여전히 1천억 달러에 육박하는 수준이다. 경상수지 흑자는 2012년 508억4천만 달러에서 2013년 811억5천만 달러, 2014년 843억7천만 달러로 꾸준히 늘어나고 있다. 이 같은 '과도한 경상수지 흑자'는 지난해 10월 미국이 한국을 환율관찰대상국으로 지정하면서 제시한 근거 중 하나다.

**미국은 현저한 대미 무역수지 흑자(200억 달러 초과), 상당한 경상수지 흑자(GDP 대비 3% 초과), 환율시장의 일 방향 개입 여부(GDP 대비 순매수 비중 2% 초과) 등 세 가지 기준으로 교역대상국을 분석해 환율 보고서를 작성한다.**

**미국은 한국의 경상수지 흑자가 GDP의 7.9% 수준이고, 대미 상품수지 흑자가 302억 달러에 달한다며 한국을 일단 관찰대상국으로 분류했다. 그러나 우리 정부는 최근 경상수지 흑자 규모가 커진 것은 저유가와 고령화 등 일시적이거나 환율 외 요인에 따른 것이라는 근거를 내세우지만 미국측 입장에서 볼 때 설득기반은 취약하다.**

우리나라의 산업구조는 연간 원유 및 석유제품 수입물량이 석유제품 수출물량의 3배 수준으로 유가가 수입에 미치는 영향이 상대적으로 더 큰 편이다. 2년 넘게 지속된 저유가로 경상수지 흑자 규모가 커졌다는 설명이다. 저유가로 인해 발생한 경상수지 흑자는 유가가 상승할 경우 언제든지 다시 줄어들 수 있다.

한국의 경상수지를 세부적으로 보면 한국이 환율조작국으로 지정될 만한 요인을 찾기 어렵다. 대미 상품수지는 2015년 451억5천만 달러 흑자로 절대 금액으로는 사상 두 번째로 많았다. 그러나 전체 상품수지 흑자 대비 비중으로는 2000년대 들어 가장 낮다.

2015년 전체 상품수지 흑자(1천222억7천만달러)에서 대미 상품수지 흑자 비중은 36.9%였다. 이 비중은 2008년 147.8%를 정점으로 점차 낮아지는 추세다. 2014년까지 2011년(83.6%)을 제외하고는 40~50%대를 유지하다가 2015년에 처음으로 30%대까지 내려왔다.

대미 무역수지 흑자 규모가 크다는 점을 문제 삼으려는 미국의 주장은 전체 수준을 고려하지 않았기 때문이다. 대미 서비스수지 적자폭이 가파르게 상승하는 점도 미국 측에 주장할 수 있다. 2015년 대미 서비스수지는 140억9천만 달러 적자였다. 이는 사상 최대 규모다.

지난해 10월 미국이 한국을 관찰대상국으로 분류할 때 내세운 근거 중 하나는 2015년 7월부터 이듬해 6월까지 대미 무역 흑자가 302억 달러였다는 점이다. 하지만 이 기간 서비스수지를 포함하면 흑자폭은 관찰대상국 분류 기준을 조금 웃도는 210억 달러로 감소한다.

대미 서비스수지는 외환 위기였던 1998년 이후 단 한 번도 흑자였던 적이 없었다. 2010년 최초로 100억 달러(128억 달러)를 넘어선 뒤 매년 적자 규모는 확대되고 있다. 미국 산 수입을 대폭 늘렸다가 저유가 등 일시적인 요인의 영향력이 사라지면 오히려 한국이 타격을 입을 수밖에 없다.

전체 경상수지에서 대미 의존도 역시 점차 낮아지고 있다. 2015년 전체 경상수지 흑자에서 대미 경상수지 흑자의 비중은 31.2%로 외환위기 당시인 1999년 24%를 기록한 이후 가장 낮았다. 이 같은 논리를 토대로 미국 정부가 우리나라를 환율조작국에 지정하는 것은 쉽지 않을 것이다.

서비스수지 적자 등을 고려하면 실제 대미 경상수지 흑자 규모는 크지 않은데도 트럼프 정부는 제조업 일자리 확충을 위한 자의적인 규칙을 내세우고 있다. 환율조작국으로 지정된다면 자본 유출은 물론 국가 신뢰도까지 영향을 미칠 수 있다.

44

# 미국과 중국의 경제전쟁

미국과 중국의 경제 전쟁이 전방위적으로 충돌 강도를 높이는 난타전 양상으로 치닫고 있다. **미국이 중국을 WTO(세계무역기구)에 제소하는가 하면, 미국의 최대 채권국인 중국은 미국 국채 매각을 가속화하고 있다**[워싱턴 = 이진명 특파원 / 베이징 = 박만원 특파원, 매일경제, 2016.12.16.].

최대 농축산물 수출국인 미국은 중국이 미국 산 쌀과 밀, 옥수수 수입량을 부당하게 제한해 국제 협약을 위반했다는 이유로 세계무역기구(WTO)에 제소했다. 미국은 중국이 저율관세할당(TRQ)으로 알려진 복잡한 수입 장벽을 불투명하게 운영해 미국 곡물업자들에게 불이익을 줬다고 주장했다.

이는 중국이 지난 12일 미국과 유럽연합(EU)을 WTO에 제소한 데 이어 GM 등 미국 자동차 회사에 반독점 규정 위반 혐의로 벌금을 부과할 것이라고 밝힌 상황에서 미국이 즉각 반격에 나선 것으로 해석된다.

도널드 트럼프 미국 대통령이 중국을 환율조작국으로 지정하고 중국산 수입품에 45%의 징벌적 관세를 부과하겠다고 공언한 이후 미·중 무역 갈등은 더욱 첨예해지는 양상이다.

**미국의 버락 오바마 정부가 지난 8년간 외국을 WTO에 제소한 20여 건 가운데 중국을 대상으로 삼은 것은 이번까지 15차례에 달한다. 이 같은 미국의 행보에 반발하는 중국은 최근 미국 국채 매각 행진으로 대응하는 모습을 보여주고 있다. 중국의 10월말 기준 미국채 보유액은 1조1157억 달러로, 전달과 비교해 4% 줄었다.** 한 달 간 413억 달러어치 미국 국채를 팔아치운 것이다.

중국은 지난 5월부터 6개월째 미국채 보유액을 줄여나가고 있다. 이에 따라 중국의 미국채 보유규모는 지난 2010년 7월 이후 6년 만에 최저 수준으로 떨어졌다[미 재무부 발표 통계, 워싱턴 = 이진명 특파원 / 베이징 = 박만원 특파원, 매일경제, 2016.12.16.].

중국이 보유 국채를 꾸준히 줄이고 있는 사이 일본은 미국채 보유액에 큰 변화가 없다. **일본은 지난 10월 기준 1조1319억 달러를 보유하고 있어 중국을 제치고 세계최대 미국채 보유국이 됐다.** 일본이 미국채 보유액에서 중국을 앞선 것은 지난해 2월 이후 약 1년8개월만이다.

지난 6개월간 중국의 미국채 매각은 주로 위안화 환율 방어 목적으로 풀이된다. 미국 금리인상을 앞두고 외자가 빠져나가면서 위안화 값이 떨어지자 중국은 미국채를 매각해 시중에 달러를 풀었다. 하지만 앞으로는 미국과의 경제전쟁에 대한 대응차원에서 미국채 매각 폭을 더 키울 가능성이 있다. 이미 중국매체들은 트럼프의 보호무역주의에 대응하는 수단으로 미국채 매각 가능성을 경고하고 있다.

또한 미 연준(Fed)의 금리인상과 이로 인한 위안화 절하는 중국의 미국채 매각을 가속화할 것으로 보인다. 미국 금리인상 직후부터 위안화 가치는 급락세를 보이고 있다. 중국 당국의 고시가격이 달러 당 6.95위안 밑으로 떨어져 8년만의 최저를 기록했다.

트럼프는 선거운동 기간 중국을 환율조작국으로 지정하겠다며 위안화 절상 압력을 가한 바 있지만, 이와 상관없이 연준의 금리인상으로 인해 위안화가 절하 압력을 받고 있는 것이다. **미 통화당국의 기준금리 인상이 중국 위안화 가치 방어를 위해 중국 중앙은행은 미국채를 팔아치워야 하는 사태를 유발하고 있는 것이다.**

**특히 연준이 내년에도 3차례 정도 추가 금리인상을 시사함에 따라 위안화 절하압력과 이에 대응한 중국의 미국채 매각행진은 상당기간 이어질 전망이다.** 한편 미국의 금리 인상으로 중국 자본시장에 적신호가 더욱 뚜렷해졌다. 연방공개시장위원회(FOMC)가 내년 긴축 속도를 높일 것을 시사 하 자 중국 국채 금리가 치솟으면서 선물거래 중단 사태까지 벌어졌다[서울=뉴스1 신기림 기자, 2016.12.16.].

**미국의 금리 인상으로 오른 달러에 위안화 약세가 심화할 것이라는 우려도 커졌다. 이미 중국은 위안을 떠받치기 위해 세계 최대 미국 국채 보유국 자리를 일본에 내준 상태이다.** 미국의 긴축 가속화에 중국 국채

시장이 매우 민감하게 반응하고 있다. 하지만 FOMC의 결정만이 중국 국채의 매도세를 유발한 것은 아니다.

중국 국채수익률 상승세는 지난달 말부터 심화했다. 이번 주 들어 속도를 더했다. 이러한 중국 국채 매도세의 배경에는 인플레이션, 자본유출, 유동성 경색 등 중국의 내부 사정에도 원인이 있다.

인민은행이 머니마켓(단기 자금시장) 금리를 옥죄고 있다. 인민은행이 위안화 하락 압박을 낮추기 위해 위안을 흡수해 달러를 시장에 풀었다. 또, 저금리에 늘어난 위안화 레버리지 축소에 나서면서 머니마켓이 더욱 빡빡해지고 있다. 글로벌 채권 매도세도 한몫했다. 미국과 중국의 10년물 국채 수익률 격차는 지난달 5년만에 최저로 좁혀져 그만큼 중국 국채의 매력도가 낮아졌다.

자본유출의 심화도 중국 국채의 매도세를 불렀다. 인민은행이 올해 4월~11월 중단기대출창구를 통해 1조4000억달러를 공급했고 이에 위안 포지션은 1조6000억위안 줄었다. 은행들 역시 레버리지를 축소하기 시작한 데다 국내외적으로 인플레이션이 오르는 추세도 중국의 국채 매도세를 키웠다.

중국은 강력한 위안화 절하 압박에 미국 국채의 최대 보유국 자리까지 내줘야 했다. 지난 12개월 동안 팔아치운 미 국채는 1392억달러로, 이로써 중국은 거의 2년 만에 세계 최대 미 국채 보유국 자리를 일본에 내줬다.

중국의 미 국채 보유량이 계속해서 줄어들 것으로 예상된다. 위안을 방어하기 위해 세계에서 가장 높은 유동성 달러 자산인 미 국채를 팔아치울 가능성이 높다.

도널드 트럼프 미국 대통령 당선인이 중국에 대한 발언 수위를 높이고 있다는 점은 중국의 미 국채 매각을 촉발할 수 있다. 트럼프는 중국을 환율조작국으로 지정하며 '하나의 중국' 원칙을 부정하고 중국산 제품에 징벌적 관세를 매기겠다고 위협하고 있다. 하지만 중국이 미 국채를 투매하면 중국 정부의 자산 가치를 스스로 떨어뜨릴 수 있기 때문에 그러한 조치를 취할 가능성은 낮다.

그러나 **중국은 미국의 재채기에 전 세계가 감기에 걸리던 시대가 끝났다며 달러유출에 대한 우려를 일축했다. 일례로 달러 경색에 대처하기 위해 상대적으로 느슨한 유로를 쓸 수 있다고 입장이다.**

**연준의 금리 인상으로 위안화에 절하 압력이 심화하고 자본유출이 커질지에 대해 너무 걱정할 필요가 없다는 근거로 삼고 있는 것이다. 그러면서 중국 당국은 단기적으로 위안에 절하 압력이 존재하지만 장기적으로 경제 펀더멘털이 위안화 환율의 방향을 결정한다고 주장한다.**

45

# 트럼프 시대의 흐름

미국 트럼프 정부가 출범한 지 한 달 남짓이 흘렀다. **시간이 흐를수록 트럼프 정책이 선명하게 부각되면서 불안과 갈등이 증폭되고 있다. 트럼프의 광폭 행보로 그새 미국 사회의 변화 속도는 훨씬 빨라졌다. 트럼프 시대의 흐름을 가늠할 수 있는 6가지 주된 흐름을 다음과 같이 간추려 볼 수 있을 것 같다**[헤럴드경제=김영화 기자, 2017.2.26.].

### ➾ 소수 · 약자 차별, 제 발등 찍나

트럼프는 그간 인종 · 성차별 발언으로 여러 차례 구설수에 올라왔다. 가장 논란이 되고 있는 반(反)이민 정책도 무슬림과 히스패닉 등 소수 인종과 민족에 대한 차별의식의 연장선에 있다.

트럼프는 이웃 멕시코를 향해 국경 장벽 건설비용을 대라는가 하면, 군대를 보내겠다고 으름장도 놨다.

트럼프 대통령의 과격한 언행과 반 이민정책으로 인해 국정 지지도는 곤두박질치고 있다. 트럼프의 지지도 추락은 자신이 쌓아올린 장벽으로 역풍을 맞고 있다. 트럼프에 대해 흑인과 히스패닉·아시아계, 그리고 여성의 반감이 더 크게 나타나고 있다.

### ⇨ 언론과의 전쟁은 트럼프의 전략?

트럼프 정부는 언론과도 전면전을 벌리고 있다. 그는 가짜 뉴스(NYT·CBS·ABC·CNN)는 미국인의 적이라고 선언했다. 트럼프 정부는 취임식 인파를 두고도 언론과 진실공방을 벌였었다. 트럼프가 언론과의 전쟁에 나선 것은 다분히 전략적인 것으로 보인다. 여기엔 자신의 지지층을 결집시키고 다른 정치적 논란을 덮으려는 속셈이 깔려 있다는 분석이다.

### ⇨ 트럼프 안건, 의회서 게걸음

공화당원들이 백악관과 의회를 장악하고 있지만, 트럼프가 내세워온 주요 안건에 대한 결정은 지연되고 있다.

당초 백악관과 공화당은 이달 말까지 오바마 케어를 폐지하고 대체안을 마련한다는 방침이었다. 하지만 미 상원은 물론 하원에서도 합의 도출이 쉽지 않을 전망이 나오고 있다. 여론의 역풍을 우려해 공화당 내에서도 오바마 케어 폐기를 두고 의견이 갈리고 있어서다.

트럼프와 공화당은 세금 개혁에 있어서도 엇박자를 내고 있다. 폴 라이언 하원의장이 주도하는 국경 조정세 안을 두고 하원 공화당원들 사이에 저항이 거세게 일고 있다. 트럼프도 이 안이 너무 복잡하다고 했고, 월마트 등 대형 유통 업자를 비롯해, 수입업자들의 반발도 심상찮다.

### ⇨ 백악관 분열? 통합?

백악관의 양대 실세인 라인스 프리버스 비서실장과 스티브 배넌 수석 전략가는 미 보수진영의 행사에 나란히 참석해 보수의 단합을 호소한 바 있지만 흘러나오는 권력암투설이 돌고 있다.

프리버스는 공화당 전국위원회(RNC) 의장을 지낸 정통 공화당원으로 라이언 하원의장 라인이다. 반면 배넌은 극우매체 브레이트바트 뉴스의 공동 창업자로 기성 공화당원들을 비판해온 비주류 인사다.

그런데 브레이트바트 뉴스가 프리버스 낙마 설을 강하게 제기하면서 배넌의 프리버스 흔들기라는 말이 돌고 있는 것이다. 배넌 라인으로 꼽히는 마이클 플린 전 안보보좌관의 축출은 프리버스의 작품이라는 얘기도 들린다.

### ⇨ 파견 미군의 역할과 방위비

트럼프는 대선 후보 때나 당선자 시절부터 군사 동맹국들의 방위비 문제를 언급해왔다. 동맹국들이 방위비를 더 내지 않으면 파견 미군의 역할이 달라질 수 있음을 시사한 것이다.

트럼프는 대선 때에도 **나토는 안보 무임승차를 하는 낡은 동맹이라며 나토 동맹국이 공격을 받을 경우 미국이 자동 개입하는 조항을 재검토할 수 있다고 밝힌 바 있다.**

이에 따라 많은 유럽인들은 미국의 요구대로 방위비 부담을 늘리지 않으면 트럼프 정부가 유사시 유럽을 돕지 않을 것을 우려하는 한편 예측 불가능한 미국 정부에 안보를 의존해야 하는 상황을 우려하고 있다.

앞서 미일 정상회담의 공동선언에서도 일본이 돈(방위비)을 더 내야 한다는 뜻의 문구가 들어갔다. 이런 가운데 한국에도 불똥이 튈 수 있다. 대선 후보 시절 **트럼프는 한국이 주한미군 방위비를 100% 책임져야 한다고 주장했다.**

### ➾ 미국의 중국 견제와 봉쇄

1991년 소련이 해체되고 냉전이 끝나자 미국은 중국을 미국의 패권에 도전할 수 있는 가장 심각한 국가로 간주하고 중국을 견제하며 봉쇄해왔다. 1990년대 후반부터 새로운 냉전이 시작된 것이다.

**1970년대 말 개혁 개방을 시작한 이래 해마다 10% 안팎의 경제 성장률을 기록하며 급속도로 떠오르는 중국에 대해 미국은 중국 위협을 제기하며 일본과의 군사 동맹을 강화해왔다. 구체적으로 미국은 1996년부터 적극적으로 일본과의 안보와 방위 협력을 구축하고 있다.**

미국은 아시아 회귀(pivottoAsia) 또는 재균형(rebalancing) 정책을 통해 중국을 견제하고 봉쇄하려고 한다. 새로운 미-일 방위협력이나 한-미-일 삼각공조 강화는 중국 견제용이다. 2016년 남한에 고고도 미사일 방어망을 구축하겠다는 것 역시 중국 때문이다. 미국이 60여 년이 넘도록 한국 전쟁을 끝내지 않고 북한과의 평화 협정을 거부하는 배경도 여기에 있다. 종전 협정이나 평화 협정을 맺으면 주한 미군을 계속 유지할 명분이 약해지거나 사라지고, 주한 미군을 철수하면 중국을 견제하고 봉쇄하는 데 구멍이 뚫리기 때문이다.

### ⇨ 보호무역 전쟁 - 미국 부메랑 맞나

**트럼프노믹스(트럼프 경제정책)의 주축은 미국 우선주의 일환으로 추진하는 보호무역주의 정책이다. 트럼프가 미국인의 일자리를 위해 중국 일본 독일 멕시코 등의 나라들을 트럼프 블랙리스트에 올린 이유다.**

**이들 네 나라는 2016년 기준 미국의 4대 무역 수지 적자국가이다. 특히 중국 일본 독일 기업들을 향해 미국 내 투자를 확대하라고 압박하는가 하면 이들 국가가 통화를 조작하고 있다며 환율전쟁까지 벼르고 있다.**

트럼프는 멕시코 정부가 국경장벽 건설비용을 대지 않으면 멕시코산에 최대 20%의 보복 관세를 메기겠다고 압박하고 있다. 또 공화당이 추진하는 국경조정세가 시행되면, 대미 수출 의존도가 높은 나라들은 수출가격 경쟁력이 떨어져 피해가 예상된다.

아울러 트럼프 정부는 자유무역협정을 대대적으로 손보고 있다. 앞으로 나프타든, FTA 든 전부 재검토 대상에 포함된다. 이는 재협상을 통해 상당수 무역협정을 자국에 유리한 쪽으로 개정하겠다는 의도다. 아시아 FTA의 공식 언급은 이번이 처음이어서 한미 FTA의 운명도 더욱 위태로워졌다.

하지만 **트럼프의 보호무역 정책은 시대착오적 발상이라고 많은 나라들이 성토하고 있다. 미국의 보호무역주의로 인해 세계 경제가 악화하면 결국 미국도 부메랑을 맞을 것으로 진단한다.**

### ⇨ 미국 발 민족 자본주의의가 드세게 부나?

트럼프 당선 이후 세계는 전례가 없었던 보호무역주의와 미국 발 민족 자본주의의 징후를 목도하고 있다. 최대 강국 미국에서 나타나는 현상들은 지극히 우려스럽고, 미국 자체에도 많은 코스트를 유발시킬 것이다.

미국은 최대 강자이고, 강국은 더욱 더 개방성과 포용성을 가져야 하지만 21세기 들어서 미국은 약해지고 있는 것 같다. 한국은 미국의 보호무역주의와 미국 발 민족 자본주의의 징후를 보면서 다음과 같은 문제를 제기 해본다.

▲ 수출만으로 고용과 고소득 창출을 할 수 있겠는가?
▲ 은행 중심의 분위기 하에서 초대형 IB의 구현은 가능할까?
▲ 불확실한 정치 · 경제 상황 속에서 고객의 자산을 안전하게 만들기 위해 무엇을 해야 하는가?

아시아는 세계 인구의 절반이 넘는 곳이다. 한국을 오고 싶은 나라가 되도록 환경과 관광 인프라에 관심을 가져야 한다.

연 5000만 관광객 시대를 상상하고 태양광과 풍력 에너지를 포함해 스마트 팜에도 대규모 투자를 할 시기가 도래했다. 또 4차 산업혁명의 아이디어를 가진 회사와는 적극적으로 소통하고 해외 기업의 M&A에 동참해 기업의 국제 경쟁력 제고에 나서야 한다.

초대형 IB 경쟁을 위한 대비도 중요하다. 초대형 IB를 넘어 글로벌 IB들과 경쟁하기 위해 나서야 한다. 한국은 금융회사도 설립하고 M&A도 하고 트레이딩 센터도 미국이나 유럽에 만들어 많은 인재들을 끌어 모아서 꿈을 펼 수 있는 환경을 만들어야 한다.

세계 주요 국가에 IB 전문가를 배치하고 지친 영업 맨들에게는 본사와 인사 교류를 통해 재충전의 기회를 주어야 한다. 운용사의 대체 투자 인력을 각국에 파견해 보다 안정적이고 창의성 있는 글로벌 펀드를 통해 고객들께 가까이 다가가는 것이 필요하다[박현주 미래에셋 회장 그룹 회장 / 서울=뉴시스, 안호균 기자, 2017.3.2.].

### ➾ 미국의 큰 정부론 깃발을 날리며

도널드 트럼프 미국 대통령은 1조 달러(약 1130조원)에 달하는 대규모 인프라 투자에 대한 국회승인을 요청했다. 또 법인세율의 대폭 인하와 중산층을 위한 세금감면을 포함한 역사적인 세제개혁을 추진하겠다고 밝혔다[머니투데이 뉴욕=송정렬 특파원, 2017.3.1.].

민간과 공공 자본을 통해 운영되는 미국 기반시설에 투자하고, 수백만 개의 새로운 일자리를 창출할 것이다. 이 노력은 '미국을 사라'와 '미국인을 고용하라'라는 두 가지 핵심 원칙을 따를 것이다.

**도로, 교량, 터널, 공항, 철도 등 노후한 인프라에 공격적으로 투자한다. 이는 대대적 인프라 투자를 통해 지난 10년간 연간 2%대 성장률에 시달리는 미국 경제에 활력을 불어넣는다.**

아이젠하워 대통령이 마지막 거대한 국가 인프라 프로그램인 '주간 고속도로시스템을 구축했듯이 국가재건축의 새로운 프로그램을 도입한다.

또한 대규모 세제개혁도 강력히 추진한다. 국내외에서 우리의 목표를 달성하기 위해 미국 경제의 엔진을 다시 가동한다. **지금 미국 기업들이 세계에서 가장 높은 법인세율을 낮춘다. 현재 35%인 법인세율을 15%로 낮춘다.**

**미국 기업들이 낮은 법인세율로 어디서 누구와도 경쟁할 수 있는 역사적인 세제개혁안을 내 놓는다. 중산층을 위한 대규모 세금감면도 실시한다.**

트럼프 대통령은 아울러 북미자유무역협정(NAFTA)이 체결된 이후 미국은 제조업 일자리의 1/4을 잃었고, 중국이 2001년 세계무역기구(WTO)에 가입한 이후 6만개의 공장을 잃었다며 **미국우선주의와 보호**

**주의를 중심으로 세계무역질서를 재편하겠다고 밝혔다. 자유무역을 믿지만, 자유무역은 공정 무역이어야 한다고 강조했다.**

동맹국들의 군사비 증액도 요구한다. 우리의 파트너들이 북대서양조약기구(NATO)든, 중동이든, 태평양지역에서든 전략적 및 군사적 운용에 직접적이고 의미 있는 역할을 수행하고, 공평한 자기 몫의 비용을 지불하기를 기대한다.

멕시코국경장벽 건설과 이민법 강화도 강행할 것임을 천명했다. 남쪽 국경을 따라 거대한 장벽을 건설하여 마약과 범죄에 대한 매우 효과적으로 방어할 것이다.

이른바 오바마 케어로 불리는 건강보험개혁법도 강하게 비판하며, 모든 국회의원들이 오바마 케어의 재해로부터 미국 국민을 구하기 위해 협력해 달라고 촉구했다[머니투데이 뉴욕=송정렬 특파원, 2017.3.1.].

**결론적으로 도널드 트럼프 미국 대통령의 정부는 큰 정부(Big government)로 돌아오고 있는 것 같다.**

### ➾ 트럼프의 최대 국방 예산

도널드 트럼프 미국 대통령이 2018년 회계연도(2017년 10월1일~2018년 9월30일)의 국방비를 540억 달러(약 61조2천630억 원), 전년 대비 약 10% 증액하기로 했다[워싱턴=연합뉴스, 심인성 특파원, 2017.2.28./ 믹 멀베이니 백약관 예산관리국장].

이는 역대로 가장 큰 국방비 증액 규모 중 하나로, 이 예산안대로 라면 내년도 **미국 전체 국방예산은 6천30억 달러**(684**조**1**천**35**억 원**)로 늘어나게 된다.

이 같은 내용을 골자로 하는 트럼프 정부 첫 예산안 초안을 공개했다. **비**(非)**국방 예산**은 국방예산이 늘어나는 만큼 줄어든 **4천620억 달러로 책정됐다**.

올해 새로 늘어날 국방비 540억 달러의 구체적인 용도를 특정하지 않은 채 국방부가 자체 결정하도록 한다. 우리가 다른 나라에 주는 예산이나 중복되는 예산을 줄이고, 제대로 작동하지 않는 프로그램을 없앤다. 일례로 외국원조와 관련해 트럼프 대통령은 외국에서 더 적은 돈을 쓰고 국내에서 더 많은 돈을 쓰려는 것이 국무부예산에 반영된다.

국방비는 역사상 최대 국방비 증액의 하나로, 군사 예산 '시퀘스터'(자동예산삭감 조치)를 폐지하겠다는 트럼프 대통령의 공약을 이행하는데 역점을 두고 있다.

결국, 트럼프 대통령의 첫 예산안은 국방 예산은 늘리고 외교 예산은 줄이는 것이 골자다. 국가안보 관련 예산은 많이 늘어나지만 다른 분야, 특히 외국원조 예산은 대폭 삭감되며 국무부의 예산이 30%가량 삭감된다.

첫 예산안은 공공안전과 국가안보 예산이 다른 많은 것들과 함께 주안점을 두게 될 것이다. **첫 예산안은 미국 우선주의 하에 미국인의 세금을 재향군인과 미군과 법집행 관리 등 최초 대응 자들을 돕는 데 사용할 것이다.** 예산안은 미국인을 안전하게 하고, 테러리스트들이 발을 못 붙이게 하며, 범죄자와 폭력 사범들을 가두고 퇴출하는 나의 대선공약을 뒷받침하게 될 것이다. 예산안은 군사와 안보, 경제발전에 역점을 둘 것이다.

외국원조 예산에서는 중동지역에 투입되는 막대한 예산을 문제 삼았다. 우리가 중동에서 거의 17년 동안 싸우고 있는데 약 한 달 전에 예산 차트를 보니 중동에 6조 달러(약 6천807조 원)를 썼지만 지금 중동은 16~17년 전보다 훨씬 상황이 악화됐다. 우리는 결코 전쟁에서 이기지 못하고 있다. 앞으로는 반드시 싸워서 이기거나 그렇지 않으면 아예 싸우지 않을 것이다.

트럼프 대통령은 내년 회계연도 예산안에서 **함정과 전투기 개발, 특히 핵심 항로나 해상 요충에 주둔하는 군사력을 강화할 것이다.** 구체적으로 페르시아 만의 주요 원유 수송로인 호르무즈해협이나 영유권 분쟁지역인 남중국해 같은 곳이 해당된다.

세제 개혁, '오바마 케어' 폐지, 교육 개혁, 인프라 개선 등에 대한 정부입장도 일부 밝혔다. **오바마 케어는 실패한 재앙이고 확실하게 폐지할 것이다. 세제 개혁과 관련해선 세금 인하가 주요하고, 조세제도를 간소화할 것이다.**

또 교육 문제와 관련해선 **우리나라의 교육 시스템에 대한 지방정부의 통제를 복원할 것이다. 주 정부의 권한을 복원할 것이다. 인프라 강화에 대해선 우리는 인프라 개선을 통해 일자리 창출을 가져올 것이다.**

## 46

# 트럼프 정부의 대중국 정책과 한국 경제

**도널드 트럼프는 미국을 다시 위대하게, 시진핑은 위대한 중국의 꿈을 위해, 양국의 자국 우선주의가 한반도를 덮치고 있다.** 트럼프는 예측 불가능한 수단으로 상대방들을 흔들고 있다. 중국이 환율 조작과 노동 착취로 미국 제조업의 일자리를 빼앗고 있다고 주장한다. **트럼프는 중국을 견제하기 위해 러시아에 대해 적극적 호감을 표시하고 있다**[워싱턴=조의준 특파원 2017.1.2].

트럼프는 당선 직후부터 예측 불가능한 카드로 중국을 흔들었다. 그는 중국의 역린(逆鱗)이라고 할 수 있는 '하나의 중국' 원칙을 흔들었고 시진핑 주석의 친구인 테리 브랜스태드 아이오와 주지사를 주중(駐中) 미국 대사에 지명하면서 화해 모드를 취하면서 동시에 대표적 반중(反中) 경제학자인 피터 나바로 어바인 캘리포니아대 교수를 백악관에 신설된 무역총괄 조직인 국가무역위원회(NTC) 수장으로 앉혔다. 그러나 중국도 미국에 언제든지 상대해줄 것이며 끌려가지 않겠다는 입장이다.

**미국과 중국 간의 경제 전쟁이 일어나면 양측 모두가 손해를 입고 한국은 더 어려워질 수 있다.**

차이잉원 대만 총통은 도널드 트럼프 미국 대통령은 1979년 대만과 수교를 단절한 뒤 통화를 한 적이 없는 대만 총통과 당선 하자마자 첫 통화함으로서 선례를 깼다. 이에 중국은 '하나의 중국' 원칙을 흔드는 행위라며 거세게 항의했다.

그런 후 트럼프는 다시 슬그머니 물러 섰지민 중국의 환율조작, 중국 제품에 대한 세금 부과, 남중국해 군사 기지 설립 등에 대해서는 여전히 강경한 입장을 견지하고 있다.

**이러한 미중 관계의 흐름은 세계경제 전쟁으로 확산할 수도 있다. 미중 간 경제 전쟁은 양쪽에게만 손해 보는 것이 아니라 한국 등 여타 아시아 국가들에게도 심각한 악영향을 미칠 것이다.**

중국의 대미 수출은 2015년 총 4820억 달러(565조6270억원)규모였다. 미국의 수입품 가운데 중국산의 비중이 절대적으로 높다. 반면 미국의 대중 수출은 1160억 달러에 불과했다. 이는 그 만큼 미국 시장이 중국 상품에 의존하고 있다는 의미이다. 따라서 **중국의 대미 수출이 줄어들게 되면 미국 내 물가가 폭등할 수 있다.**

**여기에 중국이 최대 미국 국채 보유 국가라는 점이다.** 2016년 9월 말 기준 중국은 약 1조2000억 달러(1405조원)규모의 미 국채를 보유 중이다. **미국 정부가 돈이 필요할 때 가장 많이 빌려준 나라가 바로 중국이라는 의미이다.** 따라서 미중 간 경제 전쟁이 일어나게 되면 미국의 재정 상태가 악화될 수 있다. 더 이상 차이나 머니 혜택을 볼 수 없기 때문이다.

**트럼프 행정부가 공약한 감세, 인프라 투자 정책의 추진은 국채발행으로 재정자금을 조달할 수밖에 없다. 다시 말해서 미국은 연방채를 발행해야 되고 국채 소화대상국으로 중국은 주요 투자자이다. 미중관계가 악화되면 재정 조달 방법이 순탄치 않을 수 있다.**

그 이유는 **중국이 미국경제를 교란하는 최악의 행위를 벌릴 경우이다. 중국은 미국 국채를 모두 덤핑할 수 있다. 이렇게 되면 달러화와 금리가 요동치게 된다. 미국 금융시장이 한순간에 불안하게 만드는 보복작전에 나설 수 있다.**

**미국이 대중 무역을 중단하면 중국도 손해를 볼 수밖에 없다.** 중국경제는 아직 수출 중심으로 돌아가고 있기 때문이다. 특히 중국의 경제성장은 공산당 일당체제의 정당성을 확보하기 위해 필수적으로 이뤄야 하는 정치적 핵심 과제이다.

경제 성장이 순탄하게 진행되지 않을 경우 민중이 중국공산당 집권체제에 반기를 들 수 있다. 중국은 그동안 바오파(保八), 바오치(保七) 등 경제 성장률에 집착하는 모습을 보여 왔다. 중국은 6.5% 성장률 사수를 위해 모든 노력을 기울이고 있다.

하지만 **미국으로의 수출이 막히면 수출 중심의 중국 경제는 타격을 입게 되고 이는 곧 경제성장률 하락으로 이어질 수 있다.** 결국 중국공산당의 집권 정당성이 흔들릴 가능성을 배제하기 어렵다.

특히 중국 제품들에 45% 관세 부과가 실현될 수 있다는 점에 투자자들은 촉각을 곤두세우고 있다. **트럼프 대통령은 미국이 중국보다 경제전쟁을 버텨낼 수 있는 기초체력이 튼튼하다고 믿고 있다. 하지만 양국이 서로 치열하게 대결하면 결국 양쪽 모두가 손해 볼 것이다. 그 사이 유럽은 자력으로 안정지대로 방어망을 구축하며 진일보하는 총력을 기울일 것이다**[서울=뉴스1 이정호 기자, 2016.12.06.].

**트럼프 정부가 중국 상품에 징벌적 관세를 매기고 중국을 환율 조작국으로 지정하는 등 보호무역주의가 현실화하면 중국 수출이 악영향을 받을 것이고 중국이 보복 무역 전쟁이 벌리면, 주변 아시아 국가들도 피해를 볼 수 있다.**

환태평양경제동반자협정(TPP) 등 다자간 자유무역협정도 시행되기 어려워지고 무역이 부진해지면 투자가 줄어 경제성장을 제약할 가능성이 크다. 또 인력이동이 제한되면 해외로 유출된 자본도 미국으로 다시 귀환될 수 있다.

**미국이 중국에 무역장벽을 세우고 무역이 부진하면 중국의 경제성장이 타격을 입을 수 있다. 위안화의 약세는 빠르게 자본을 유출시켜 중국의 외환보유액을 감소시킬 수 있다.**

**미국의 보호무역이 강화되고 아시아 지역에서 일부 미군을 철수하면서 안보도 위협받을 수 있다. 중국, 한국이 환율조작국으로 지정되거나, 중국 한국, 일본에 관세가 매겨질 경우 아시아 충격파는 클 것이다.**

**아시아 국가들은 중국과 미국의 의존도가 매우 크다. 2015년 미국의 최대 무역국인 중국에 규제가 시행될 경우 나머지 아시아 국가들에도 연쇄반응이 일어날 수 있다. 아시아에서는 한국과 필리핀이 가장 악영향을 받을 것이다.**

한국 무역은 압박받고, 주한미군 주둔비용도 크게 늘어나며 한미자유무역협정(FTA)의 재논의가 불거지면 한국경제는 상당한 부담을 안을 것이다.

**필리핀의 경우, 미국으로 들어가는 이민자 수가 제한을 받을 것이다. 미국은 필리핀 이주 노동자의 35%가 거주한다. 전체 송금액의 31%가 미국에서 나온다.**

필리핀은 동남아시아 국가 중 미국에 수출을 가장 많이 하는 나라다. 트럼프의 공약대로 해외에서 아웃소싱하고 있는 일자리들을 다시 되찾아 갈 경우 필리핀 경제는 타격을 받게 될 것이다.

**아시아는 미국이 급격하게 성장해도 수혜를 다른 지역보다 적게 얻을 것이다. 오랜 기간 동안 수출 수요에 의존해 온 아시아 수출 시장이 어려워지면 아시아의 성장률이 하락할 수 있다. 특히 동북아 지역이 큰 타격을 받을 것이다.**

**미국의 한반도 고고도 미사일 방어체계(THAAD · 사드) 배치 계획이 현실화하면서 중국의 보복성 조치가 가시화하고 있다. 한국은 관광, 화장품, 식품, 패션 등 여러 업계가 직격탄을 맞고 있다.** 중국으로의 수출과 현지 사업 등에서 불이익을 받고 있다[서울=연합뉴스 강종훈 김은경 기자, 2017.1.11.].

보복방식은 최근 통관 절차가 강화되는 등 우회적인 방법으로 규제하고 있다. 대형 식품기업은 대부분 중국 현지법인을 통해 제품을 생산하고 판매해 큰 문제가 없지만 안심할 수 없는 상황이다.

분유와 우유 등을 중국으로 수출하는 유업계도 최근 규제 강화와 수출 부진으로 어려움을 겪고 있다. 중국은 작년 6월 국내외 분유업체의 브랜드와 제품 수를 각각 3개와 9개로 제한하는 규정을 발표했다. 동시에 등록업체의 자격 요건과 제품 성분 관련 규정을 강화했고 성분 표시도 구체화하라고 명시했다.

중국으로의 흰 우유 수출도 급감 세다. 대 중국 흰 우유 수출은 사드 배치가 공식적으로 확정된 지난해 9월 말 이후 급격히 줄기 시작 했다. 화장품 업계는 중국이 한국산 화장품을 무더기 수입 불허하면서 비상이 걸렸다. 중국 질량감독검험검역총국(질검총국)이 지난해 11월 수입허가를 하지 않은 28개 중의 19개가 한국산 화장품이었다. 수입 불허로 반품된 한국산 화장품만 11t에 달했다. 최근 중국의 위생 허가 기준이 많이 강화됐고 통관 절차도 까다로워졌다. 이러한 움직임으로 큰 타격을 받고 있다.

패션업계도 동향을 신중히 지켜보고 있다. 삼성물산은 아직 피해를 당하거나 제재 받은 것은 없다고 하지만 위험 요인이 발생하면 그것에 맞게 움직이기 위해 사태를 관망하고 있다.

그러나 관광업계는 발등에 불이 떨어졌다. 중국 정부가 한국·중국 항공사들의 중국 발-한국행 전세기 운항 신청을 불허하면서 관광객이 감소하고 있다. 중국 최대 명절 춘제(春節·중국의 설) 성수기를 앞두고 면세점과 호텔업계도 애를 태우고 있다.

고고도미사일방어체계배치에 대한 중국의 무차별적인 경제 보복 조치로 양국 간 갈등이 고조되고 있다.

이런 가운데 **한국산 중간재·자본재의 수입 의존도가 높은 중국 교역 및 무역, 산업 구조상 범위를 무한정 확대하지는 못할 것이란 분석도 제기되고 있다. 자국 산업에 부메랑이 될 수 있기 때문이다.**

중국의 태클에 대해 한국은 중국 의존도 축소 등의 중장기 전략으로 대응해야 한다는 지적이다. 실제 중국의 대한(對韓)비관세장벽은 111건으로, 이 가운데 79%(88건)는 가전·식품·자동차·화장품 등 소비재에 집중돼 있다.

중국 정부는 한국 드라마 상영 금지, 한국 여행객 제한, 한국산 화장품에 대한 일부 반송조치 등을 내려 피해가 잇따르면서 우리 정부가 공식 항의 방침을 세우는 등 차이나 리스크에 대한 우려가 점증하고 있다.

특히 화장품 외에 식품류, 패션 등 소비재와 서비스 중심으로 추가적인 조치가 나올 수도 있어 대중 투자 및 수출기업의 불안 심리가 커지고 있다.

소비재 외에 대규모 무역보복 카드를 어느 범위로 확대할지에 시선이 집중되고 있지만, 과거 2000년 '마늘 파동'처럼 빅 카드를 쓰기는 어려울 것이란 전망이다.

중국이 세계시장 점유율을 높일 수 있었던 동력이 가격경쟁력 외에 한국, 대만, 일본에서 고도기술의 중간재 · 자본재를 대규모로 수입해 조립한 후 다시 선진국 소비시장에 수출한 데서 나왔기 때문이다.

**중국의 세계시장 점유율은 1996년 4.7%에서 2015년 기준 14.3%로 20년 만에 3배 이상으로 높아졌다.** 중국의 수출구조 고도화는 한국 등으로부터 대규모로 고품질의 중간재 · 자본재를 수입할 수 있었던 요인이 기여했다.

**제조업 분야의 한국 의존성 역시 2012년부터 최근 5년간 중국의 한국 대상 가공단계별 수입구조에서도 잘 나타난다. 부품 · 부분품 비중은 2012년 39.6%, 2013년 43.4%, 2014년 41.3%, 2015년 47.8%에서 지난해(1~10월)에는 50%까지 치솟았다.**

중국 내 가공생산을 위해 원부자재 형태로 중국에 물품을 수출하는 가공무역 수출 비중 역시 우리나라의 경우 2015년 49.6%에서 지난해 상반기 45.5%로 4.1%포인트 줄었지만 여전히 높은 수준이다. 대중 수출 상위 5개국으로 보면 우리나라의 이 분야 비중은 대만(45.8%) 다음이며 일본(29.2%), 미국(14.4%), 독일(7.5%)을 훨씬 웃돈다.

글로벌 공급사슬에 중국이 포함돼 있고 한국 등 동아시아 국가 제품의 수입이 어려워지면 중국 수출 역시 피해를 입기 때문에 무한정 한중 무역관계를 파괴시키지는 않을 것으로 전망한다.

중국이 공포감을 자극하는 데 성공했고 한국기업 철수 같은 제재 가능성도 배제할 순 없지만 미국과의 통상마찰 우려란 큰 과제가 대두된 점, 한·중 관계 역시 악화하면 양측 모두 공멸한다는 점에 주목한다.

그러나 소비재와 서비스 분야는 자국의 소비재 산업 강화와 고고도미사일방어체계에 따른 반한 정서에 편승해 비관세장벽을 적용할 수 있다 [이민종 · 이근평 기자 문화일보, 2016.1.12.].

중국 정부가 **한국행 전세기**에 대해 운항 신청을 불허했다. 또한, 중국인들의 해외여행을 줄이는 조치도 적용하고 있다.

중국이 한반도 사드 배치에 대해 노골적으로 보복하고 있다. 아시아나항공, 제주항공, 진에어 등 한국 항공사는 전세기 운항 허가를 받지 못했다.

한국행 전세기 운항이 금지되며 계속 운항 제한을 받을 수 있다. 아울러 한국과 중국을 오가는 중국 남방항공과 동방항공도 중국 국내 사정을 이유로 운항을 철회했다.

이처럼 한국행 전세기 운항이 불허됨에 따라 향후 중국 여행사들이 전세기 신청 자체를 꺼리게 된다는 점이다. 이럴 경우 한국행 패키지여행이 계속 위축될 수 있다. 더욱 심각한 점은 한국행 여행객을 줄이라는 지침이 계속 적용될 것이라는 부분이다. 중국 정부가 저가 여행을 막는다는 이유로 지난해 11월부터 한국 여행객을 줄이고 있다[베이징=연합뉴스 심재훈 특파원, 2017.1.2.].

47

# 중국과 러시아의 한국 및 미국 견제

중국과 러시아가 한반도 사드 배치 결정에 반대 의사를 재확인하며 추가 대응 태세에 나섰다. 미국과 한국이 사드 배치를 강행하면 중국과 러시아가 가만히 있지 않겠다는 경고다.

한반도 사드 배치는 중국의 안전과 이익에 중대한 영향을 끼칠 것이며 지역적 측면에서 볼 때는 지역의 전략 및 균형을 파괴하고 위협한다. 러시아와 중국은 미국과 한국의 한반도 사드 배치 시도에 대한 심각한 우려와 확고한 반대를 재확인하고 사드 배치를 중단하라고 한·미 양국에 촉구했다.

중·러 양국은 한반도와 동북아의 현재 상황이 복잡하고 민감하다면서 모든 관련국이 긴장을 심화할 수 있는 행위를 막기 위해 자제해야 한다고 강조했다[베이징=연합뉴스, 심재훈 특파원, 2017.1.3.].

미·중 두 강대국의 힘겨루기가 현실화면서 한반도를 둘러싼 안보 환경은 급변하고 있다. 중국은 사드배치 반대의 목소리를 높이고, 미국은 사드가 한·미 동맹의 상징이라며 한발도 물러서지 않는다[워싱턴=조의준 특파원, 2017.1.2.].

한국은 사드가 한반도 안보 차원을 넘어 미·중 자존심 경쟁의 희생물이 될 수 있다. 중국이 한·미 동맹을 위협적 존재로 인식하면 중국에 진출한 우리 기업들에 대한 유무형의 제재도 취할 것이다.

**한·미 동맹과 한·중 협력을 병행해온 한국이 미·중 사이에서 선택을 강요당한다. 이런 상황에서 한국이 한반도 지정학적 이유와 국내정치적 혼란까지 가세하여 외교·안보적 균형 감각을 유지하기 힘들게 된다.**

특히 북핵 문제가 꼬일 가능성이 크다. 트럼프 당선인은 중국을 압박해 북핵 문제를 해결 하겠다고 했다. 이는 거꾸로 트럼프가 북핵을 중국 압박의 지렛대로 사용할 수 있다.

여기에 맞서 중국이 노골적으로 북한 편을 들기 시작하면 지금껏 해온 대북 제재 효과가 반감된다. **트럼프가 핵 능력을 큰 폭으로 강화하고 확장해야 한다는 입장을 보면 북한이 핵개발 속도를 부채질 할 수 있다. 한국은 이러지도 저리도 못한 떠밀려 다니는 신세로 전락할 수 있다.**

한국 외교는 한·미 동맹으로 구축된 시스템이 트럼프 행정부에서도 '상황 관리' 역할에 기댈 수밖에 없다. 최근 트럼프는 한·미 자유무역협정(FTA) 재협상 문제를 적극적인 공세에서 한 발짝 물러서 있는 점이 대표적인 근거다.

중국은 한국과 계속 충돌하면 한·미 간 밀착이 강화될 것을 우려한다. 성장률이 날로 둔화되는 상황에서 미국을 상대로 경제 전쟁을 벌이는 것이 부담스러운 측면도 있다. 그러나 **중국의 자국 우선주의와 국수주의적인 국민감정을 지래대 삼아 대한 강경책을 구사할 수도 있다. 한국의 국방외교를 어려운 상황으로 몰고 갈 수 있다는 것을 예상할 수 있다**[워싱턴=조의준 특파원, 2017.1.2.].

48

# 미국의 대북정책

트럼프 정부의 한반도 정책은 북핵 불용의 대북 강경 기조를 유지하면서도 실패한 '전략적 인내' 정책을 접고 **대북 선제타격 옵션까지 열어둔 초강경대응을 배제하기 어려워 한반도정세가 자칫 예측불허의 높은 불안 국면으로 접어들 수 있다**[워싱턴=연합뉴스 심인성 특파원 2017.1.18.]. 여기에다가 방위비 분담금 증액 압박과 더불어 한미 자유무역협정(FTA) 문제를 비롯한 통상 분쟁이 벌어지면 양국 관계는 새 틀을 짜야 될지 모른다.

트럼프의 외교 · 안보라인은 매파가 장악했다. 외교 · 안보를 책임질 마이클 플린 백악관 국가안보보좌관과 렉스 틸러슨 국무장관, 제임스 매티스 국방장관은 하나같이 강경 성향이고 대북정보를 수집하고 공작임무까지 수행하는 중앙정보국(CIA) 국장인 마이클 폼페오도 매파에 속한다.

이들은 북한의 변화를 참고 기다리는 이른바 전략적 인내 정책을 더는 답습하지 않고 초강경대응을 마다하지 않을 수 있다. 트럼프 정부는 북한은 적이나 악당이라는 거친 표현도 서슴없이 쓰고 있다. 북한과 같은 적들이 국제규범에 순응하기를 거부하기 때문에 그들은 세계에 중대한 위협이 되고 있다. **북한 정권의 지속적인 도발적 언행으로 인해 한반도의 안보 상황은 매우 불안정하다. 북한은 중국, 러시아, 테러리즘과 함께 4대 위협이다.**

**트럼프 정부의 북한 해법은 더욱 강경해 질 것이다. 북한의 핵미사일을 저지하기 위한 대북 선제타격 옵션을 검토할 것이다.** 중국이 단지 제재이행을 피하려고 북한의 개혁(핵 포기) 압박 약속을 한 것과 같은 빈 약속들을 더는 받아들이지 않을 수 있다. 특히 향후 미 · 중 관계에서 북핵을 우선순위로 삼을 것 같다. 북한과 거래하는 제3국의 기업과 기관도 제재하는, 사실상 중국을 겨냥한 세컨더리 보이콧'의 적극적인 이행을 검토할 것이다.

**북한이 대륙간탄도미사일(ICBM) 시험 발사 등 도발을 강행할 경우 북미 간의 강 대 강 대결 구도가 급속히 형성되면 한반도 긴장이 고조될 수 있다.** 여기다 트럼프 정부의 중국 옥죄기가 국제사회의 대북제재 공조대열에서 중국의 이탈을 초래하면서 북핵 해법이 더 꼬일 수 있다.

트럼프 대통령은 한미동맹과 관련, 핵심적 동맹(vital alliance), 찰떡(sticky rice cake) 공조 등으로 각별한 우의를 드러내면서 한반도 사드(고고도미사일방어체계) 배치도 중국의 반대와 관계없이 계획대로 밀어붙이겠다는 강경한 태세를 유지하고 있다.

또 트럼프는 대선 기간 방위비 분담금을 증액하지 않으면 미군을 철수할 수도 있다고 위협했지만, 미군철수 계획은 없다고 선을 그었으며 동맹 강화 쪽으로 무게를 이동시켰다.

하지만 트럼프 정부가 방위비 분담금증액을 요구할 것은 분명해 보인다. 트럼프는 북대서양조약기구(나토) 회원국들의 안보 무임승차론을 제기한데다가, 유럽과 아시아 동맹의 방위비 분담금증액 필요성을 공개적으로 제기하고 있기 때문이다.

미국 우선주의를 표방하는 트럼프는 대선 기간 북미자유무역협정(나프타), 환태평양경제동반자협정(TPP)과 더불어 한미FTA를 미국의 일자리를 죽이는 협정이라고 노골적으로 비판한다. 트럼프는 TPP, 한미FTA 등 재협상을 요구할 것으로 보인다. 트럼프는 중국을 환율조작국으로 지정하겠다고 위협을 실행에 옮길 경우 한국에까지 불똥이 튈 수도 있다. 이러한 **미국 국방외교정책의 대전환기를 맞는 한국으로서는 혼란스런 대선정국과 대통령 후보자들의 부실한 국방외교정책과 맞물리면서 한국의 불길한 미래를 고조시키고 있다.**

49

# 미국의 북한 전략

**미국은 대 북한 전략 가운데 북한의 핵 위협을 약화시키기 위해 군사력 사용이나 정권 교체를 내부적으로 검토하고 있다.**

범정부 안보 담당 관계자들은 주류에서 벗어난' 아이디어까지 포함해 다양한 대북 전략을 제안했다. 특히, 미국이 북한을 핵보유국으로 인정하는 방안부터 북한에 대한 군사행동을 하는 방안에 이르기까지 모든 옵션을 제안했다. 이런 제안들은 트럼프 행정부가 미국의 대북정책을 포괄적으로 재검토한다는 뜻이다.

또, 트럼프 대통령과 아베 신조 일본 총리는 정상회담 당시 미국 관리들이 대북 대응에 모든 옵션을 고려하고 있다. 일본은 북한이 대륙간 탄도미사일(ICBM) 발사 실험 태세에 들어간 것처럼 보일 때 북한을 선제타격 하는 것이 군사옵션에 포함된다는 뜻이다.

북한의 탄도미사일 발사와 김정남 브이엑스(VX) 피살을 계기로 대북 강경 분위기가 높아진 건 사실이다. 하지만, 트럼프 행정부가 군사적 행동이나 정권교체 같은 극단적 선택을 할 가능성은 지극히 낮은 것으로 평가한다. 그럼에도 대북 군사적 행동이 거론되는 이유는 한반도 불안정을 우려하는 중국을 압박해 북한의 생명줄을 차단하게 만들 수 있다는 계산 때문으로 풀이했다. 그러나 중국도 미국의 이런 의도를 뻔히 꿰뚫고 있어, 오히려 중국의 반발만 불러올 수 있다.

**또 워싱턴의 대북 강경파들조차도 선제타격이 현실적으로 불가능하다고 지적한다. 미국이 1994년 대북 선제타격을 검토할 때는 영변에만 핵시설이 있었지만, 지금은 북한이 최소 20개 이상의 핵무기를 만들 수 있는 핵물질을 확보하고 있으며, 한-미 정보당국은 은닉장소도 파악하지 못하고 있다. 북한 탄도미사일의 고체연료 사용으로 기습성도 높아졌다**[워싱턴/이용인 특파원, 한겨레, 2017.3.2./월스트리트 저널 보도].

50

# 미국 우선주의 – 한국 경제 파급

트럼프 정책은 한국경제에 단기적으로는 긍정적이지만 중장기적으로는 부정적인 영향을 미칠 것이다. 단기에는 인프라 시장 참여 가능 및 미국 경제 성장세 확대의 수혜를 입을 수 있지만, 중장기적으로 보호무역주의 확산은 수출에 영향을 미칠 것이다.

트럼프의 경제 정책은 대규모 인프라 투자로 일자리 창출을 약속했다. 낙후된 도로와 공항, 수로 건설을 통해 새로운 일자리를 만들고, 불법 체류자를 추방해 일자리를 회수한다는 것이다. 이 경우 미국의 소비재와 자본재 수요 증가로 한국 수출이 늘어날 여지가 있다.

무역정책은 중국과 멕시코에 대한 관세 인상을 주장하고 있다. 또 한·미 자유무역협정(FTA) 등 기존의 무역협정을 재협상하고 환태평양경제동반자협정(TPP)도 반대한다.

이 같은 보호무역정책은 한국의 대미 수출과 우회수출에 모두 부정적이며, 원화 강세를 유발할 수 있다.

트럼프의 에너지정책은 약 50조 달러로 추정되는 셰일가스와 천연가스 생산을 확대해 에너지 자립도 제고도 꾀한다는 것이다. 이 경우 국제유가 리스크가 커져 한국 경제에도 부정적으로 영향을 미칠 수 있다.

트럼프의 세제정책은 소득세와 법인세를 내리고 상속세를 폐지하는 감세 정책을 펴겠다고 했다. 또 금융산업 경쟁력 강화를 위해 규제 완화를 주장했다.

이 밖에도 멕시코 접경 지역 장벽 건설과 이민심사 시 사상 검증 실시, 비자법 강화 등 반이민 정책 추진과 오바마 케어 폐지를 공약으로 내세웠다. 이 같은 공약이 실행되면 단기적으로는 미국 경제에 긍정적일 것이란 분석이다.

인프라 투자 확대와 법인세 인하가 단기적으로 내국인 일자리 창출에 긍정적으로 영향을 미칠 것이다. 그러나 중장기적으로는 대규모 감세와 재정지출 증가로 재정적자가 크게 확대되고 보호무역 강화와 이민 통제 등의 고립 정책 시행으로 경기 둔화를 유발할 수도 있다.

**경제, 세제, 이민 등 모든 정책 공약이 집행하면 미국경제는 2017년에는 3.7% 성장하고 2018년에는 0.6% 성장하며 2019년에는 마이너스 성장할 것으로 예측한다. 트럼프의 임기 동안 연평균 0.6% 성장할 것으로 전망한다. 공약을 포기하고 현재 정책을 유지할 경우, 연평균 2.3% 성장할 것으로 본다**[무디스 신용평가기관].

**트럼프의 등장은 불확실성이 증대돼 국내외 경제에 미치는 충격은 작지 않을 것으로 보인다. 보호무역주의, 극우보수주의 정책은 한국경제에 적지 않은 영향을 미칠 것이다. 자유무역, 노동시장 유연화 등이 기존의 세계 질서를 흔들면서 불확실성이 커지면서 국내외 경제에 큰 영향을 미칠 것이다. 국내에 악영향을 미칠 수 있는 가장 큰 변수는 한미 자유무역협정(FTA), 주한미군 이슈를 든다.**

**미국 우선주의-신고립주의-보호무역주의가 몰고 올 파장에 대한 한반도 주변의 우려도 커지고 있다.**

북한 김정은 노동당위원장과의 북·미 정상회담 추진, 이란 핵 협정 파기, 한·미 자유무역협정(FTA) 재협상 등은 모두 트럼프 당선자가 일방적으로 할 수 없는 일이어서 그의 공약이 실제로 이행될 가능성은 크지 않다.

**트럼프는 주한 미군 철수, 한국의 핵 무장 용인 등과 같은 발언을 실제로 행동에 옮길 가능성은 없을 것이다.** 트럼프가 당장 김정은 위원장과 마주 앉는 것이고 북한과 대화를 하겠다고 결심을 해도 자신이 아니라 대리인을 내세울 것이다. 트럼프 정부에서 한·미 동맹 관계에 큰 변화는 없을 것이다.

트럼프가 이후 한미 FTA 재협상 가능성이나 주한미군 비용 문제를 언급하며 이를 정책화할 경우 한국 경제는 충격에 빠질 수 있다.공약이 정책으로 구체화하는 과정에서 현실적으로 타협점을 찾을 것으로 보이지만 장기적인 영향은 지켜보며 대비하는 것뿐이다.

51

# 환태평양경제동반자협정 폐기 – 한미 자유무역협정 재협상?

미국 업계는 여전히 한미 자유무역협정(FTA)가 골드 스탠더드라고 믿고 있고, 또 이는 미국이 맺은 무역협정 가운데 가장 최고 수준의 규칙을 자랑하는 무역협정이라고 말한다. 아시아는 사업하기에 힘든 곳인데, 특히 미국이 공식으로 환태평양경제동반자협정(TPP)에서 탈퇴하기로 한 만큼 앞으로 한미FTA는 더욱더 중요해질 것이다.

한미FTA를 '일자리를 죽이는 협정', '재앙'이라고 비판한 트럼프 대통령의 말은 "잘못된 언급"이다. 실제로 미국 무역통계는 한미FTA가 양국 모두에 이익이 된다는 것을 잘 보여주고 있다. **미국은 무역협정을 체결한 20개국 가운데 14개국으로부터 무역흑자를 기록하고 있다. 특히 미 국제무역위원회(ITC) 보고서를 보면 한미FTA가 없었다면 미국의 적자규모는 최소 수십억 달러 더 늘어났을 것이다.**

**미국이 상품교역 부문에서는 적자를 보지만 서비스교역에서는 흑자를 보고 있다는 점을 주목해야 한다.** ITC는 2016년 6월 말 공개한 '미국이 체결한 FTA 경제적 영향 분석 보고서'에서 2015년 기준으로 한국에 대한 미국의 교역수지 적자는 283억 달러로, 만약 한미FTA가 없었을 경우 적자규모가 440억 달러에 달했을 것으로 추정했다.

**특히 전체적으로 볼 때 한미FTA는 성공적이고, 우리 두 나라가 공유하는 양국 방위조약에 중요한 보완재 역할을 한다는 사실이다. 강력한 경제적 관계가 양국의 관계를 더욱 강하게 만들어 주고, 정치적 격변기에도 양국 관계를 유지해 주고 있다**[태미 오버비 미국 상공회의소 아시아 담당 부회장 / 워싱턴=연합뉴스, 심인성 특파원, 2017.1.25.].

미국의 무역은 현재 변곡점에 놓여 있다. 우리는 미국 대선 때의 정치적 구호를 넘어 앞으로 나아가야 한다. 미국의 임금정체, 소득 불평등, 제조업 일자리 감소 등 더 광범위한 이슈와 관련해 무역을 더는 희생양으로 삼아서는 안 된다. 미국 내 **일자리 감소의 주된 근본적 이유는 자동화 등 기술진보에 따른 것이다.**

그러나 한국에서는 트럼프 대통령이 북대서양조약기구(나프타) 재협상을 선언하고 TPP를 폐기하면서 우려가 커지고 있다. 한국이 다음 타깃이 되지 않을까 우려한다. 트럼프 대통령이 무역적자를 계속 거론하고 중국 등을 겨냥해 환율조작국 지정 문제를 언급하고 있 때문이다.

### ⇨ 한국 금융시장 - 미국 달러 강세-한국 원화 약세

미국 금리 인상 시기에도 크게 영향을 줄 것으로 보지 않는다. 단기적으로 실물 정책을 크게 바꾸기는 어렵기 때문에 실물 경제에 당장 큰 영향은 없을 것이다. 국내 금융시장 반응이 가장 클 것이다. 트럼프는 어디로 튈지 모르기 때문에 불확실성이 크다. 주가 폭락이나 달러화의 일시적 약세가 나타날 수 있다[세종=연합뉴스 정책팀, 2016.11.9.].

트럼프의 등장으로 미국 달러화가 주요국 통화에 대해 연일 강세 흐름을 이어가고 있다. 트럼프가 강력한 보호무역주의를 주창하는 데다 미 중앙은행인 연방준비제도(연준 · Fed)가 내달 금리를 인상할 것이란 전망까지 맞물리면서 원 · 달러 환율도 연일 치솟고 있다. 환율 상승은 수출기업의 가격 경쟁력 개선으로 이어지는 만큼 부진에 빠진 우리 수출에 가뭄의 단비지만 수출 경쟁국인 일본 엔화도 덩달아 약세를 보여 그 효과가 반감된다[세계일보, 염유섭 기자, 2016.11.14.].

재정 확대와 보호무역을 내세우는 트럼프의 당선이 미국의 금리인상 속도를 가파르게 할 수 있다는 우려가 시장에 반영됐다. **일본과 한국 모두 대미 무역흑자국가이긴 하지만 보호무역주의 강화에 원화가 더 부정적인 영향을 받을 것이다. 내수가 큰 일본에 비해 한국은 대외의존도가 높고 안보 문제도 취약하다.**

한국 원화의 대미 환율은 트럼프 쇼크와 더불어 최순실 국정농단 사태라는 내부 정치적 리스크까지 더해져 단기적으로 1200원선도 넘볼 수 있다. **외국인 투자자가 주식과 장기채권 시장에서 달러로 돈을 바꿔 빠져나가는 것도 환율 상승세를 부추기고 있다.** 다만 환율이 급격하게 오르면 자본유출을 우려한 정부가 속도 조절에 나서면 단기 폭등세가

가라앉을 수 있다.

지금 같은 시장의 반응은 예상했던 것으로 다른 신흥국도 비슷한 모습이라고 평가하고 있다. 향후 한국 정부는 너무 급격하게 변하면 스무딩 오퍼레이션(미세조정) 대응할 것이기 때문에 폭증세는 한계에 도달한 것이다.

문제는 한국이 지난 4월과 10월 미국 재무부에 의해 환율 관찰대상국으로 지정돼 외환시장 변동성에 따른 운신의 폭이 넓지 않다는 점이다. 그만큼 외환당국의 미세조정을 통한 시장 개입이 조심스러운 상황이다 [세계일보, 염유섭 기자, 2016.11.14.].

## ❙ 저자약력

**저자 양 종 기(梁 鍾 基)**

- 연세대학교 경제학과, 학사
- 독일 자유 베를린 대학교 Diplom-Volkswirt
- 독일 자유 베를린 대학교 경제학 박사
- 서경대학교(구 국제대학) 전임교수
- 현재 E&I Center 대표

### ❒ 저서와 주요 논문 및 연구보고서

- Die Crowding-Out Problematik im Rahmen der Kurz-und Langfristigen Analyse, Peter Lang, 1987(magna cum laude; 최우수 박사 논문).
- 위기가 기회다, 공저, 다산출판사, 1998년
- 기관투자가의 자산운용(공저), 국민연금연구센터, 1998년
- 한국의 자본시장과 경제발전(공저), FESKOR SYPOSIUM, 1988년
- 경제의 이해, 원출판사, 2007년
- 거시경제학, 원출판사, 2008년
- 화폐금융 국제금융, 원출판사, 2009년
- 시장경제와 경제이론, 원출판사, 2009년
- 알기 쉬운 투자론, 신론사, 2010년
- 경기 안정화와 재정지출 및 통화정책, 경상논총, 1987년
- 한국의 자본시장과 경제발전, 경상논총, 1988년
- 환율결정과 그의 변동, 투자금융, 1989년
- 토빈의 Q이론과 통화 및 공채 발행의 국민 경제적 파급 효과, 투자금융, 1989년
- 독일 지방재정과 지방의회에 대한 연구, 지원연구논문, 1992년
- 독일 연방과 주 및 게마인데(Gemeinde)의 공채관리에 관한 연구, 지원연구논문 1992년
- 스위스, 독일, 영국의 금융제도에 대한 비교 연구, 지원연구논문, 1995년
- 기관투자가의 자산운용, 지원연구 보고서, 1998년
- 독일 연방과 주 및 게마인데(Gemeinde)의 공채관리에 관한 연구, 연구보고서, 1992년
- 공채발행을 통한 재정금융정책의 효과에 대한 고찰, 한국산업 연구, 1992년
- 미국 단기금융시장에 관한 소고, 투자금융, 1994년
- 多資産市場, 實物市場, 財政政策, 서경대학교논문집, 1994년
- 스위스, 독일, 영국의 금융제도에 대한 비교 연구, 지역연구, 1996년
- 공채발행의 국민 경제적 파급 효과, 서경대학교논문집, 1996년
- 유럽의 자산관리업과 은행 진출의 동향, 금융, 2002년
- 유럽금융의 구조적 특성과 은행대출경로, 산업경영연구, 2002년
- 최근 미국 은행산업의 변화와 추이, 금융, 2003년
- 재정정책이 경제성장에 미친 이론적인 고찰, 사회과학논문집, 2007년
- 한국경제는 정상적인 시장경제인가?, 2013년
- 국민행복시대는 열릴 것인가?, 도서출판 ONE, 2013년
- 달러와 한국경제, 도서출판 ONE, 2013년
- 한국의 부동산경제, 도서출판 ONE, 2013년
- 한국경제와 한국주식 투자, 도서출판 ONE, 2014년
- 세계경제 속 한미경제, 도서출판 ONE, 2014년
- 한국경제와 생활환경, 도서출판 ONE, 2015년
- 한국 금융시장 및 금융기관의 불안정성과 비효율성, 도서출판 ONE, 2016년
- 불안한 금융경제, 비효율의 한국금융, 도서출판 ONE, 2016년

### ❒ 연락처

E-mail : yangchonki@naver.com
http://cafe.naver.com/enicenter/
since 2008. 10. 19

# 트럼프 대통령의 미국 우선주의가 세계경제를 흔들고 있다

초판 인쇄 • 2017년 5월 24일
초판 발행 • 2017년 5월 29일
저　　자 • 양 종 기
발 행 인 • 정 성 열
발 행 처 • 도서출판 ONE
주　　소 • 서울특별시 영등포구 선유로3길 10
등　　록 • 제313-2003-427호
전　　화 • 02-323-8536
팩　　스 • 02-323-8531

저자와의 협의하에 인지생략

ISBN 978-89-6481-339-3

정가 15,000원


- http://one-book.co.kr